REJSESKRIBENTEN
REJSER TIL ...

WIEN_S
GRØNNE OASER

LINDA NIELSEN
REJSESKRIBENTEN

KOLOFON

Rejseskribenten Rejser Til... Wiens grønne oaser
© 2024 - Linda Nielsen / REJSESKRIBENTEN
Layout, fotos, grafik: © 2024 - Linda Nielsen / REJSESKRIBENTEN

ISBN: 978-87-4305-759-8

Sat med: PT Sans og Lithos Pro

Forlag: BoD – Books on Demand, Hellerup, Danmark
Tryk: BoD – Books on Demand, Norderstedt, Tyskland

Bogen er fremstillet efter on-Demand-proces

INDHOLDSFORTEGNELSE

FORORD

Da jeg sad og skrev den første bog om Wien, opdagede jeg, hvor meget der var at skrive om. Hvis jeg valgte at skrive det hele i samme bog, ville den blive en monstertyk bog, som ville være umulig at have med rundt. Derfor valgte jeg, i første omgang, at dele bogen op i fire dele, nemlig den generelle bog, eller *Rejseskribenten Rejser Til... Wien*, og så tre bøger mere, hvor jeg ville gå dybere med bestemte emner. Men jo længere jeg kom frem i processen med den bog, fandt jeg det nødvendigt at give Wiens mange kirker, klostre og kirkegårde deres egen bog. Derfor vil der udkomme i alt fem bøger om Wien. Bøgerne kan sagtens bruges hver for sig, men supplerer hinanden.

Dette er bog nummer fire i rækken af i alt fem bøger om Wien, som kommer til at handle om byens mange parker og grønne oaser, hvor jeg skriver om deres historier, og hvem de eventuelt er opkaldt efter. Der er rundt regnet 1.000 parker og grønne oaser i Wien, med et samlet areal på cirka 126 km². Derudover er der et kapitel om bjergene, eller bakkerne, i og omkring Wien samt om skovene. I bogen ligger jeg op til at turde tage på opdagelse i Wien, som er mere end bare Stephansdom, Rådhuset, Prater, Volksgarten og Stadtpark. Selv i de mindre kendte bydele er der masser at opleve. Men selvom der er, som nævnt, over 1.000 grønne oaser, heraf cirka 250 parkanlæg i Wien, så er det ikke alle der har fundet vej her til bogen, det skyldes, at det ikke er alle parker, eller grønne oaser, som jeg har kunne finde interessante oplysninger på. I byens mange grønne oaser er der samlet 150 hundezoner samt cirka 856 legepladser. Der findes desuden omkring 3.165 standere med gratis hundeposer, for det er nemlig lovpligtigt at samle op efter sin hund, ellers kan der uddeles bøder på minimum 50 Euro, men bøden kan sagtens være op mod 2.000 Euro.

Så hvem har lyst til at opdage eller genopdage Wien på nye måder med denne bog i hånden?

Kejserinde Sisi' mindesmærke i Volksgarten

4

Wien er nok en af de byer, som jeg har besøgt, der har flest grønne oaser. Der er 990 grønne oaser i hele Wien, ligefra de store prægtige parkanlæg, til haveanlæggene, de grønne områder og de mindre parker, ja selv den store Wiener Zentralfriedhof tælles med som en park, grønt område eller rekreativt område. Nogle smukkere end andre. Blandt de mest kendte park- og haveanlæg er Stadtpark, Burggarten, Volksgarten, Donaupark, slotsparken ved Schönbrunn, slotsparken ved Schloß Belvedere, Prater (der også kaldes for det grønne Prater), Augarten, Rådhusparken, Lainzer Tiergarten, Dehnepark, Resselpark, Votivpark, Kurpark Oberlaa, Auer-Welsbach-Park og Türkenschanzpark.

Blandt de grønne områder finder man blandt andet Laaer-Berg, inklusiv Böhmischer Prater samt Wienerwald, der ligger lige udenfor Wiens byporte. Desuden er der talrige træer langs gaderne og stræderne. I bydelen Penzing, eksempelvis, er der intet mindre end 4.082 træer langs vejene, 189 af dem er mellem 100 og 200 år gamle, og fem af dem er endda mere end 200 år gamle. I Wiens parker står der cirka 114.936 træer, mens der langs vejene står cirka 86.358 træer, de fleste træer er ahorntræer, lindetræer, og kastanjetræer. I Wiens parker er der cirka 19.000 bænke, som udskiftes cirka hvert 10. år, så mon ikke der findes en ledig plads, hvor man lige kan nyde en medbragt kop kaffe, mens man kigger på blomster, ser livet gå forbi eller venter på børnene, mens de leger på en af de mange legepladser.

12.-FEBRUAR-PARK
12.-Februar-Platz • 1190 Wien

12.-Februar-Park, som er beliggende i 19. Bezirk, er navngivet til minde om Februarkampene i 1934, som begyndte den 12. februar 1934, da det østrigske Socialdemokratiske Arbejderparti, SDAP, og det republikanske Schutzbund stod overfor den austrofascistiske Stænderstat, forbundshæren samt hjemmeværnet (Heimwehr). Februarkampene blev også kaldt for den østrigske borgerkrig, som var en væbnet modstand mod den voksende fascisme i Europa. I Wien kæmpede bevæbnede arbejdere fra 12. til 16. februar 1934 mod det autoritære borgerlige regime under Engelbert Dollfuß' ledelse. Parken befinder sig ved boligkomplekset Karl-Marx-Hof, hvor de værste kampe blev kæmpet, da militæret beskød boligbyggeriet i to døgn, og tre andre boligblokke blev stormet af militæret.

ALFRED-BÖHM-PARK
Eisenstadtplatz 6 • 1100 Wien

Alfred-Böhm-Park er beliggende på den vestlige side af Laaer-Berg-Straße i 10. Bezirk, Favoriten. Parken, som blev anlagt i 1998, er opkaldt efter folkeskuespiller og kammerskuespiller Alfred Böhm (1920-1995). Alfred Böhm, som var den yngste bror til skuespillerne Carlo

Böhm og Franz Böheim, fik efter sin skoletid undervisning i skuespil og fik efterfølgeende engagement på Tiroler Landestheater i Innsbruck samt på Landestheater i Linz. I december 1938 skulle han aftjene sin militærtjeneste, men på dette tidspunkt havde tyskerne annekteret Østrig, så det blev i det tyske militær. Han kom til det 44. Infanteridivision og til infanteriregiment 134, hvor han blandt andet optrådte foran sine soldaterkammerater. I slutningen af Anden Verdenskrig blev han taget til fange af de amerikanske tropper og blev sat i en amerikansk krigsfangelejr, hvorfra han blev løsladt fra i november 1945. Han var fast medlem af ensemblet på Theater in der Josefstadt i Wien fra 1958 til 1980, hvor han udviklede sig til komiker, blandt andet i stykker af Johann Nestroy, Ferenc Molnár og Ferdinand Raimund. Han optrådte af og til også på kabaretteatret Simpl i Wien. Derudover medvirkede han i en lang række film og tv-serier. Han er begravet på kirkegården i Wieselburg, selvom han blev tilbudt at blive begravet i en æresgrav på Wiener Zentralfriedhof, sagde han pænt tak, men nej tak.

ALFRED-GRÜNWALD-PARK

Alfred-Grünwald-Park blev anlagt i 1981 i 6. Bezirk, Mariahilf, nærmere præcis i området mellem Linke Wienzeile og Gumpendorfer Straße ved Naschmarkt. Oprindeligt var det blot en tom byggegrund, men byen Wien valgte at købe grunden og anlægge en godt 9.000 m² stor park.

Parken blev i 1986 opkaldt efter Alfred Grünwald (1884-1951), som var østrigsk komponist og tekstforfatter af operetter. Parken kaldes også i folkemunde for Denzelpark, da området tidligere var ejet af bilforhandler og bilfabrikant Denzel. I sommeren 2008 blev der anlagt en 100 m² stor legeplads i parken.

ALMA-MAHLER-WERFEL-PARK

Juchgasse • 1030 Wien

Alma-Mahler-Werfel-Park, på cirka 1.240 m², er beliggende mellem Barmherzigengasse, Juchgasse og Landstraßer Hauptstraße i 3. Bezirk, Landstraße. Parken blev i december 2008 opkaldt efter Alma Mahler-Werfel, oprindeligt Alma Maria Schindler (1879-1964), som var forfatter, komponist og en stor personlighed indenfor kunst, musik og litteratur i første halvdel af 1900-tallet. Hun var gift med komponisten Gustav Mahler fra 1902 til 1911. I årene 1915 til 1920 var hun gift med arkitekten Walter Gropius. I 1917 mødte hun forfatteren Franz Werfel (1890-1945), mens Walter Gropius var officer i det tyske militær. Deres forhold førte til, at hun fødte Franz Werfels søn, i oktober 1918, men sønnen levede blot i 9 måneder. Hun blev skilt fra Walter Gropius i 1920, men levede papirløst med Franz Werfel indtil 1929, hvor de endelig fik lov til at gifte sig. I forbindelse med nazisternes magtovertagelse i Østrig, i 1938, valgte Franz Werfel og Alma Mahler-Werfel at flygte til Frankrig og senere til USA, hvor de slog sig ned i Los Angeles. Alma Mahler-Werfel boede de sidste år af sit liv i New York, hvor hun døde få måneder efter sin 85 års fødselsdag. Hun blev efterfølgende begravet på kirkegården i Grinzing, i nærheden af Gustav Mahlers gravsted, og sine to døtre, Maria Anna, kaldet *Putzi* (1902-1907) samt Manon Gropius (1916-1935). Udover de to piger, og sønnen, fik Alma Mahler-Werfel også datteren Anna Justine Mahler, som blev kaldt *Gucki* (1904-1988), som blev en kendt billedhugger.

Alma-Rosé-Park
Grellgasse 7 • 1210 Wien

Alma-Rosé-Park er en cirka 3.500 m² stor park i Grellgasse i 21. Bezirk, Floridsdorf. Parken består af en række træer, græsarealer og blomsterbede. Rundt om i parken er der 35 bænke og 3 borde, der er en legeplads med sandkasse samt outdoor-fitness. Parken er opkaldt efter Alma Rosé (1906-1944), som stammede fra en musikalsk familie. Hendes far, Arnold Rosé, var den første koncertmester for Wiener Philharmonikerne. Alma Rosé var selv en berømt violinist i mellemkrigsårene. Hun blev deporteret til KZ-lejren Auschwitz, hvor hun nåede at lede det berømte *Mädchenorchester*, *Pigeorkestret*, i lejren, inden hun døde i 1944.

Alois-Drasche-Park
I 4. Bezirk finder man en 1,6 hektar stor park, den er beliggende i umiddelbar nærhed af Wiedner Gürtel og Wien Hauptbahnhof, nærmere præcis mellem gaderne Seisgasse, Blechturmgasse, Schelleingasse og Johann-Strauß-Gasse, som samtidig danner grænsen mellem 4. Bezirk, Wieden, og 5. Bezirk, Margareten. Parken er opkaldt efter Alois Drasche (død i 1892), som var klædefabrikant og en mand, der gerne gav penge til velgørenhed og til forskønnelse af bydelen. Omkring parken finder man eksklusive lejeboliger, som er opført med en senhistorisk og secessionistisk karakter, eller *boliger af forskellig arkitektonisk kvalitet*, som arkitekterne Felix Czeike og Friedrich Achleitner beskrev dem. Bygningerne var tegnet af Otto Wagner Junior og Carl Holzmann. Området omkring parken hed tidligere Blecherne-Turm-Feld, men blev i 1898 omdøbt til Alois-Drasche-Platz, som allerede i 1899 blev ændret til en park, Alois-Drasche-Park. Dette skyldes sandsynligvis på grund af en beslutning fra Wiens bystyre, der havde bestemt, at der ikke skulle være køreveje mellem bygningerne og parken, og de allerede anlagte veje skulle fjernes og området skulle gøres til en bilfrizone.

Alois-Greb-Park
Quellenstraße 148 • 1100 Wien

Parken Alois-Greb-Park er beliggende i 10. Bezirk, Favoriten, mere præcis overfor kirken Königin des Friedens, der er beliggende mellem Quellenstraße og kirkegården Friedhof Matzleinsdorf. Parken blev i 1993 opkaldt efter præst og sjælesorger Alois Greb (1897-1965), som i en årerække havde været præst i kirken overfor parken. Parken har bænke, men benyttes hovedsageligt som legeplads, da der er legeredskaber og en boldbane.

ALTERLAA SCHLOSSPARK
Erlaaer Straße • 1230 Wien

Alterlaa Schloßpark eller slotsparken ved slottet Alterlaa/Erlaa er beliggende i 23. Bezirk, Liesing. Området og herregården kan spores tilbage til 1244, hvor det blev første gang blev nævnt skriftligt i et dokument. I 1600-tallet blev herregården udvidet til et stort slot med fire fløje. Slottet fik i 1726 deres eget slotskapel, som blev indviet af ærkebiskoppen af Wien, Sigismund von Kollonitz. På dette tidspunkt var Alt-Erlaa ejet af greverne von Seillern. I 1765 købte Georg Adam von Starhemberg slottet, som fik det bygget om i årene fra 1766 til 1770 af, formodentligt, hofarkitekt Nikolaus Pacassi. Det var også under Georg Adam von Starhemberg, at slotsparken blev anlagt. I 1805 og 1809 var Napoleon Bonapartes tropper indkvarteret på slottet. Efter Slaget ved Leipzig, hvor Jerome Bonaparte, kejser Napoleons yngste bror, mistede sit kongerige Westphalen, søgte han asyl i Østrig. Han købte, via sin kammerherre baron Linden, Schloß Alt-Erlaa af fyrst Starhemberg, og flyttede i 1817 ind på slottet med sit store følge. Da Schloß Alt-Erlaa og landsbyen Erlaa lå for tæt på slottet i Schönbrunn, blev det beordret af Metternich, at

Jerome Bonaparte efter nogle få år måtte opgive slottet og flytte til Schönau, til en hytte, som han havde købt af baron Peter von Braun i bytte for slottet i Erlaa. Baron Peter von Braun fik forvandlet slottets barokhave til en engelskinspireret landskabshave med vandfald, kaskader, templer og kunstige ruiner, som hurtigt blev til en attraktion for wienerne. I år 1848 blev der indkvarteret soldater fra Joseph Jelačić von Bužims hær. I en del af slottet blev der i 1880 oprettet et privathospital for fattige. I sidste halvdel af det 19. århundrede var slottet i hertug Anton Günther Friedrich Elimar von Oldenburgs eje. Efter hertugens død i 1895 blev slottet solgt til baronesse Nathalie Vogel von Friesenhof und Brogyan. I 1918 blev slottet købt af godsejer og baron Johannes Brenner von Felsach, som stammede fra adelsslægten Brenner von Felsach. Det er hans efterkommere, som stadig ejer Schloß Alt-Erlaa.

ANTON-BENYA-PARK
Argentinierstraße • 1040 Wien

Anton-Benya-Park er beliggende i Argentinierstraße i 4. Bezirk, Wieden. Parken blev anlagt og åbnet i juni 1990 til minde om Anton Benya. Området var oprindeligt en del af parken ved Nathaniel Meyer Freiherr von Rothschilds palæ. Under Anden Verdenskrig blev palæet, *Palais Nathaniel Rothschild*, inddraget af den tyske Wehrmacht og anvendt som Gestapo-fængsel. Efter krigens afslutning valgte Arbejdskammeret i Wien at købe palæet og rive det ned. I stedet blev der, i begyndelsen af 1950erne, opført et lærlingehjem, kaldt Franz-Domes-Heim, opkaldt efter fagforeningsmanden Franz Domes. Læringehjemmet var tegnet af arkitekt Roland Rainer og opført under ingeniør Rudolf Machats ledelse. Hjemmet blev opført for at trække unge fra landet, hovedsageligt drenge fra Niederösterreich, til byen, hvor der var større mulighed for at få en læreplads, og samtidig give dem et sted, hvor de kunne bo relativt billigt. Der var plads til 243 lærlinge og ungarbejdere på hjemmet. De unge boede i tre- eller firmandsværelser, der var fællesstuer, fællesbade og toiletter. Desuden var der en gymnastiksal og en festsal, hvor der med jævne mellemrum var teaterforestillinger eller filmforevisninger. Hjemmet blev revet ned i 1983, men blev erstattet af Arbejderkammerets kursus- og uddannelsescenter samt Theater Akzent. Parken blev reetableret og omdøbt til Anton-Benya-Park, opkaldt efter politiker, fagforeningsfunktionær og metalarbejder Anton Benya (1912-2001). Parken bliver ofte benyttet til picnics, men rummer også en basketballbane samt en fodboldbane. Parken er, som mange parker i Wien, lukket om natten.

Arenbergpark

Dannebergplatz • 1030 Wien

Arenbergpark, der er cirka 31.500 m² stor park ved Dannebergplatz. Parken blev anlagt i 1785 af Nikolaus Joseph Fürst Esterházy, hvor parken var væsentligt større end i dag. I parken lå der også et palæ, som var ejet af fyrst Nikolaus Esterházy. I 1810 overtog ærkehertug Karl palæet, som fik plantet roser til en værdi af 140.000 Gylden. I 1815 blev parken solgt til en handelsmand, og efter hans død overgik besiddelsen til fyrstefamilien Arenberg, som blev navngivere til anlægget. Bystyret i Wien købte den 11. maj 1900 park og palæ af efterkommerne til prinsesse Franziska von Arenberg, som var født Liechtenstein (1833-1894), gift med Joseph von Arenberg (1833-1896). Palæet eksisterer ikke længere. Parken blev gjort offentligt tilgængeligt den 16. september 1900, og blev efterfølgende udvidet og nyanlagt, hvorefter den genåbnede den 19. september 1907.

I Arenbergpark finder man to af de flaktårne, som blev opført i Wien under Anden Verdenskrig. Flaktårnet, som blev opført i Arenbergpark, var af typen der blev kaldt for *type 2* med kodenavn *Baldrian*. Det ene af de to tårne begyndte man at bygge i december 1942 og i oktober 1943 stod det færdigt. Tårnet var firkantet, nederst var det 57 x 57 meter stort, og øverst var det 47 x 47 meter. Tårnet var i alt 42 meter højt og havde hele ni etager, inklusiv kælder. Ydervæggene var to meter tykke, dog var de øverste etagers ydervægge dog 3,5 meter tykke. De tre nederste etager blev benyttet som beskyttelsesbunkere til civilbefolkningen, på fjerde etage var der et hospital, mens femte etage blev benyttet til tårnets ventilationsanlæg. En del af sjette etage blev benyttet af flymotorfabrikken Ostmark, *Flugmotorenwerke Ostmark*, mens resten blev benyttet af militæret. På syvende etage var der diverse rum til blandt andet radioen, måleinstrumenter med videre. Ottende etage blev benyttet af militæret, hvorfra der var udgang til en platform med 12 flakkanoner. Tårnet benyttes, i dag, blandt andet som depot af museet MAK. Det andet tårn er et såkaldt Leitturm, kontroltårn, som var cirka 39 x 23,5 meter i grundareal og 42 meter højt. Tårnet havde en kælder, en stueetage og yderligere otte etager. En del af ottende etage var indrettet med en mezzanin med en ståhøjde på godt to meter. Stueetagen havde indgangsområder for civilbefolkningen og tjenestemændene. På etagerne 2, 4, 5 og 6 var der beskyttelsesrum for civile. Etage 3 blev benyttet til ventilationsanlægget. Rundt om etage 7 var der en platform, hvor der var opstillet otte lette luftværnskanoner. På ottende etage var der diverse tekniske apparater og måleapparater. Øverst i tårnet var der plads til en kran samt udstyr til brandkontrol. Dette tårn står tomt. I parken kan man desuden finde en mindetavle for Robert Danneberg, som har lagt navn til pladsen udenfor parken. Robert Danneberg (1885-1942) var politiker, jurist og offer for det nazistiske regime, han omkom i KZ-lejren Auschwitz. I parken finder man desuden en skulptur af en bjørn skabt af Josef Schagerl Junior.

ARNE-KARLSSON-PARK

Ved krydset mellem Spitalgasse og Währinger Straße finder man Arne-Karlsson-Park, der er den næststørste park i 9. Bezirk, Alsergrund. Parken, som er godt 12.500 m² stor, blev åbnet i 1932 på stedet, hvor bosættelsen Sankt Johann an der Als oprindeligt lå. I middelalderen lå der et lazaret her, i 1679 blev området omdannet til en massegrav for de mange tusinde, der mistede livet under en af flere pestepidemier i Wien og omegn. Mellem 1858 og 1860 blev der opført et forsorgshjem, der var tegnet af arkitekt Ferdinand Fellner. I juli 1904 blev størstedelen af beboerne flyttet til det nye forsorgshjem i Lainz, og i august 1904 begyndte man at rive dele af bygningen ned. I 1927 besluttede Wiens byråd, at resten af forsorgshjemmet også skulle rives ned, og beboerne skulle flyttes til Lainz. I stedet blev der anlagt en park. Under Anden Verdenskrig blev der i midten af parken indrettet en 760 m² stor beskyttelsesbunker, der bestod af 40 rum, beregnet til at yde beskyttelse til 300 personer, men ofte søgte op mod 700 personer ly i bunkeren.

I mange år efter krigens afslutning blev bunkeren benyttet af parkens gartnere som lager, men i 2008 måtte man lukke bunkeren af på grund af misvedligeholdelse. Herefter blev bunkeren renoveret og fungerer i dag som en del af bydelsmuseet, Bezirksmuseum Alsergrund, dog kan man kun komme ned i bunkeren i forbindelse med guidede rundvisninger. Parken er privatejet, men store dele af parken er offentligt tilgængelig. Parken blev i starten kaldt for Bürgerpark, men blev senere omdøbt til Guido-Holzknecht-Park, opkaldt efter radiolog og universitetsprofessor Guido Holzknecht. I parken står der en buste af Doktor Holzknecht. I juli 1947 blev parken opkaldt efter svenskeren Arne Karlsson (1912-1947). Arne Karlsson var den medarbejder hos den svenske hjælpeorganisation Rädda Barnen, Red Barnet, der stod i spidsen for at uddele fødevarer til den sultende befolkning i Wien, han delte dagligt cirka 70.000 madrationer ud til wienerne. Det var under arbejdet med at dele fødevarer ud, at Arne Karlsson blev skudt og dræbt af en sovjetisk militærpost den 11. juni 1947. I nærheden af parken vil der blive opført en station, der skal betjene U-banelinierne U2 samt den nye U5, som man forventer står klar et sted mellem 2025 og 2028. Desuden er der planer om, at sporvognslinierne 5, 33, 37, 38, 40, 41 og 42 også skal standse her, for at aflaste stationen Schottentor.

ARTHABERPARK
Arthaberplatz • 1100 Wien

Mellem Arthaberplatz og Laxenburger Straße i 10. Bezirk, Favoriten, finder man den cirka 10.000 m² store park, Arthaberpark, som blev anlagt i 1904 under borgmester Karl Luegers embedsperiode. I 1905 fik familien Arthaber opført en monumental brønd med et ur og et relief af Rudolf von Arthaber. Brønden blev tegnet af arkitekt Karl Theodor Bach, og relieffet blev skabt af Rudolf Schröer, som blev indviet i 1906. Parken er opkaldt efter familien Arthaber og Rudolf von Arthaber, som var en borgerlig handelsmand og fabrikant samt protektor for handel, kunst, vindyrkning og havepleje. Parken fik i 1930 et friluftsbad, som i 2005-2006 blev omdannet til et ungdomscenter. Parken har en hundezone, en legeplads samt en boldbane.

ASTRID-LINDGREN-PARK
Asperner Heldenplatz 5 • 1220 Wien

I 22. Bezirk, Donaustadt, mere præcis i bydelen Aspern, ved Martinskirche på Asperner Heldenplatz, finder man en park, som er opkaldt efter den svenske forfatter Astrid Lindgren, nemlig Astrid-Lindgren-Park. Området, som er beliggende syd-sydvest for den nuværende bykerne i Aspern, var tidligere et sump- og engområde ved den uregulerede Donau. I begyndelsen af 1800-tallet var der her to mindre damme, som lå mellem Martinskirche og Krautgarten. Men i løbet af 1800-tallet opstod behovet for at udvide kirkegården, Asperner Friedhof, rundt om Martinskirche. Men i slutningen af 1800-tallet var pladsen på kirkegården ved at være fyldt og man kunne ikke længere udvide den, i stedet blev der indviet en ny og større kirkegård ved Langobardenstraße. På en plan fra 1912 var den nuværende park nævnt som en *projekteret offentlig plads*, og i

11

1938 var der anlagt stier og enge samt plantet træer. I juni 2013 besluttede bystyret i Wien, at en række parker, veje og pladser, der indtil nu ikke havde et navn, skulle opkaldes efter kvinder. En af disse navneløse parker var parken ved Martinskirche, og i november 2013 blev det besluttet, at parken skulle opkaldes efter den svenske børnebogsforfatter Astrid Lindgren. Astrid-Lindgren-Park er 6.240 m² stor, og størstedelen er omgrænset af Asperner Heltenplatz. Vejen til kirken og præsteboligen er også en del af parken. Parken har en legeplads samt flere bænke. Desuden kan man i parkens sydvestlige del finde et krigsmindesmærke fra Første Verdenskrig, hvor man kan læse navnene på 57 mænd fra Aspern, som enten døde eller forsvandt under krigen. Astrid-Lindgren-Park har omkring 100 træer, herunder grantræer, flere typer af ahorntræer, hestekastanjer, nøddetræer og meget mere.

AUER-WELSBACH-PARK
Mariahilfer Straße 212 • 1140 Wien

Auer-Welsbach-Park er et parkanlæg i 15. Bezirk, Rudolfsheim-Fünfhaus, beliggende i området mellem Linker Wienzeile, Schönbrunner Schloßallee, Mariahilfer Straße og Winckelmannstraße. Parken er med sine godt 110.000 m² den største park i 15. Bezirk. Den er opkaldt efter den østrigske kemiker Carl Auer von Welsbach. Carl Auer von Welsbach (1858-1929), var manden, som opdagede de kemiske elementer *Neodym*, *Praseodym*, *Ytterbium* og *Lutetium*. Desuden er han opfinderen af glødekappen til gaslamper, metalglødelampen og flinten i lighteren. Han åbnede i 1887 en fabrik i Liesing, som blev en del af Osram i 1902. Auer-Welsbach-Park var oprindeligt en såkaldt køkkenhave, hvor man dyrkede grøntsager og frugt. I 1890 anlagde man den første park, som fik navnet Schönbrunner Vorpark, som var anlagt i engelsk havestil med en lille dam. Dammen blev i 1919 omdannet til et friluftsbad, som lukkede i 1990 og siden hen fjernet. Indtil 1992 tilhørte parken egentligt 14. Bezirk, Penzing, men i forbindelse med ændring af bydelsgrænsen, kom parken efterfølgende til at høre under 15. Bezirk. Området, hvor friluftsbadet havde ligget, udviklede sig til en vild have, og i 2003 fik Charlotte Seidls kvindeskulpturer *Sarah og Johanna* plads her. I den nordvestlige del af parken blev der i 1948-1949 opført en specialbørnehave, *Schweizerspende*, efter arkitekt Franz Schusters tegninger, og senere udvidet efter arkitekt Dimitris Manikas tegninger. Børnehaven er i dag fredet under den østrigske Denkmalschutz. Specialbørnehaven blev

Blomster

grundlagt af Susann Schmid-Giovannini i 1949 som den første børnehave i den tysksprogede verden for børn med hørehandicap. I parken finder man også et 25.400 m² stort sportsanlæg samt en 10.060 m² stor hundezone, som ikke er omhegnet.

AUGARTEN
Obere Augartenstraße 1 • 1020 Wien

Augarten er 52,2 hektar stor og delvis offentlig tilgængelig, parken betegnes for at være det ældste barokhaveanlæg i Wien. Parken er beliggende i 2. Bezirk, Leopoldstadt. Haveanlægget er anlagt i fransk stil med blomsterbede og skyggefulde alléer med kastanjetræer, elmetræer, lindetræer, asketræer og ahorntræer. Augarten er en yndet park blandt mange lokale, men også blandt turister. Som næsten alle parker i Wien er de fem porte ind til parken lukket og låst om natten. Parken lukker ved mørkets frembrud og åbnes op tidligt næste morgen, de præcise åbningstider står på skilte ved portene ind til parken. Det barokke parkanlæg, palæet og en del af den oprindelige mur rundt om Augarten fra det 18. århundrede har siden år 2000 været fredet. Parken er desuden en af de mest betydningsfulde havearkitektoniske mindesmærker i Østrig, og er fredet under det østrigske Denkmalschutz, svarende til Kulturarvsstyrelsen.

I 1614 fik kejser Matthias opført et lille jagtslot i området som hed Wolfsau, som var en del af det kej-serlige jagtområde, der på dette tidspunkt var et urørt engområde. Omkring år 1650 købte kejser Ferdinand den Tredje en del af Tabor for at ligge det til området omkring jagtslottet, som blev omdannet til et lille haveanlæg i hollandsk stil og jagtslottet blev udvidet. Det kom til at blive nabo til Johann Franz von Trautsons palæ og have. I 1660erne købte kejser Leopold den Første Trautsons haveanlæg, og indrettede området til en barok lysthave, og i cirka 1677 fik kejser Leopold den Første ombygget Trautsons havepalæ til et mindre slot, som blev kaldt for Kaiserliche Favorita, et navn som senere blev til Alte Favorita. Under den anden tyrkiske belejring af Wien, i 1683, blev begge haveanlæg ødelagt og der var kun få mure tilbage af de to slotte.

Man skal helt frem til 1705, før kejser Joseph den Første fik genopbygget slottet, og i 1708 blev haveanlægget anlagt efter havearkitekt Jean Trehets tegninger. Slottets havesal er i dag hovedsæde for firmaet Augarten Porzellanmanufaktur. I 1766 blev der offentligt adgang til de kejserlige jagtområder ved Prater, og i 1775 åbnede kejser Joseph den Anden Augarten op for den almene befolkning. Militæret holdt vagt ved indgangen til parken og inde i selve parken holdt invalide øje med om befolkningen også opførte sig korrekt. I dag kan man stadig læse inskriptionen *Allen Menschen gewidmeter Erlustigungs-Ort von ihrem Schaetzer*, som frit oversat betyder

13

noget i retning af *Et forlystelsessted til alle mennesker*, over parkens hovedportal, som arkitekt Isodore Canevale skabte i 1775. Hvis man i dag går gennem hovedporten kommer man direkte til Schloß Augarten og porcelænsfabrikken Augarten. Betegnelsen *forlystelsessted* skyldes, at der dengang, ved siden af hovedporten, var en bygning med spisesale, forfriskningslokaler, dansesale og et billardrum.

Natten mellem den 28. februar og 1. marts 1830 blev Wien og Augarten ramt af en oversvømmelse, da vandstanden i Donau steg voldsomt. Hele Augarten stod under 1,75 meter vand. I 1860-1875 gennemførte man en regulering af Donau, hvor man blandt andet førte Donau væk fra Augarten. Augarten blev et kulturlandskab, hvor der siden ikke har været fare for oversvømmelser. Fra 1934 til 1936 boede den daværende Forbundskansler Kurt Schuschnigg i Palais Augarten. Indtil udbruddet af Anden Verdenskrig var der roligt i Augarten. Men hen mod slutningen af krigen skete der ændringer i parken, da Adolf Hitler valgte, at der skulle opføres flaktårne til beskyttelse af Wiens indre by og beskyttelsesrum til befolkningen.

I sommeren 1944 begyndte man at opføre to af Wiens flaktårne, som stod færdige i januar 1945. I forbindelse med byggeriet af parkens to flaktårne, førte det til en del ændringer i og omkring Augarten, man byggede 16 jernbanespor, der blev op-

ført barakker til bygningsarbejderne og meget mere. Tårnene i Augarten gik også under kaldenavnet *Peter*. Flaktårnet er af *typen 3*, som også er det højeste flaktårn i Wien, nemlig 55 meter, det var 16-kantet, murene var 2,5 meter tykke og taget var 3,5 tykt. Det har 12 etager, i stueetagen var der fire indgange. I tårnets midte fandt man hovedtrappen, man havde planlagt at bygge en elevator, men det skete aldrig. Øverst oppe lå krudtkammeret eller ammunitionsdepotet. Tårnet står i dag tom, men er stærkt ødelagt på grund af sprængninger. Det andet tårn i Augarten er et såkaldt Leitturm, kontroltårn. Det er et slankt tårn med et grundareal på 31 x 15 meter og en højde på 51 meter, væggene er cirka 2,5 meter tykke og taget er godt 3,5 meter tykt. Fra cirka 12 meters højde er der små vinduer med en størrelse på 1 x 2 meter. Den øverste del af tårnet blev under krigen ramt af granater, og ødelæggelserne kan man stadig se. Tårnet står tomt og ubenyttet hen.

Under krigen blev der smidt hundredevis af kubikmeter murbrokker i parken, pansrede køretøjer kørte rundt i parken, der blev gravet massegrave, hvor der eftersigende er begravet et ukendt antal krigsofre i. I slutningen af 1960erne forsøgte man at sprænge det ene af de to tårne i luften, uden det store held. Tårnet blev beskadiget, men tårnet blev stående. Udover de to tårne, som nu er blev et kendetegn for Augarten, er der intet tilbage fra krigen.

14

Udover de to flaktårne kan man i Augarten desuden finde Augartenpalais, som er palæet, hvor drengekoret *Wiener Sängerknaben* hører til. Derudover kan man opleve Schloß Augarten med porcelænsmanufaktur Augarten, Atelier Augarten, Filmarkivet, et alderdomshjem, lauder Chabad Campus, et friluftsbad, flere sportspladser og ikke mindst MuTh, som er Wiener Sängerknabens koncertsal, som blev opført i 2012. Til sidst, men ikke mindst, finder man desuden en række drikkevandsbrønde og et par spisesteder i parken.

Palais Augarten

Det nuværende slot i Augarten, Palais Augarten, blev opført i slutningen af 1700-tallet efter Johann Bernhard Fischer von Erlachs tegninger. Den 26. maj 1782 fandt den første morgenkoncert sted i slottets havesal, Gartensaal. Koncerten blev ledet af Wolfgang Amadeus Mozart, og det var blot den første af flere morgenkoncerter, som blev dirigeret af Mozart. I 1795 overtog violinisten Ignaz Schnuppanzigh ledelsen af morgenkoncerterne, hvor også flere værker af Ludwig van Beethoven blev opført. Mellem 1820 og 1847 blev der afholdt 1. maj koncerter i havesalen, hvor man ofte hørte værker af Johann Strauss (Vater). Slottet blev benyttet af kejserfamilien indtil 1900-tallet. Mellem 1934 og 1936 boede den daværende østrigske forbundskansler, Kurt Schuschnigg, på slottet. I dag danner Palais Augarten ramme for en kostskole. Men det er ikke hvilken som helst kostskole.

Først og fremmest er det en kostskole kun for drenge som er medlemmer af et berømt kor. Koret er ja, de berømte Wiener Sängerknaben, som i 2012 fik en helt ny koncertsal, MuTH (som er forkortelsen af MUsik und THeater, musik og teater).

Wiener Sängerknaben

Det verdensberømte drengekor, Wiener Sängerknaben, blev grundlagt tilbage i 1400-tallet, som en del af hofunderholdningen hos kejseren. Wiener Sängerknaben er verdens ældste drengekor, det er et statsligt kor og ikke et kirkekor. Siden 1948 har drengekoret hørt hjemme i en del af Palais Augarten. Deres del af slottet er indrettet som kostskole og drengenes hjem, derfor er der ikke offentligt adgang til palæet. Koret består af cirka 100 drenge, som er fordelt på fire forskellige kor, der hver har 80 optrædener hvert år på forskellige scener i Wien. Derudover kommer deres optrædener rundt omkring i verden. Hver søndag morgen klokken 9.15 synger nogle af korets drenge i Hofburgkapelle. Desuden kan man hver fredag klokken 17.30, i perioderne april til juni samt september til oktober, opleve *Goldenen Kehlen*, som er et af Wiener Sängerknabens kor, når de giver koncert i MuTH, som er deres egen koncertsal, billetter købes på deres hjemmeside. Tjek også hjemmesiden *www.wsk.at* for eventuelle ændringer eller andre koncerter.

Porcelænsfabrikken

I 1700-tallet knækkede europæerne

koden til, hvordan man fremstillede porcelæn. I løbet af få år opstod der flere porcelænsfabrikker rundt omkring i Europa, hvor der blev fremstillet porcelæn i høj kvalitet. Her i Danmark var det *Den Kongelige Porcelænsfabrik*, og i Østrig var det *Augarten Porzellan*, som blev grundlagt i 1718. Disse to porcelænsfabrikker blev etableret omtrent på samme tidspunkt. I slottet Augartens kavalerfløj dannede indtil 1900-tallet ramme for porcelænsfabrikken. I dag kan man opleve, hvordan porcelænsmalerne med sikker hånd sirligt maler blomsterranker med mårhårspensler. På porcelænsfabrikkens museum kan man opleve porcelænets historie, hvor der er mere end 200 historiske stykker porcelæn udstillet, som hver især fortæller deres egen historie om fremstillingen af porcelæn i Wien gennem 300 år. Der gives rundvisninger mandag til fredag klokken 10.00, dog ikke i juli og august. Tjek eventuelt deres hjemmeside *www.augarten.com* for ændringer.

Bacherpark
Bacherplatz 7 • 1050 Wien

Bacherpark er en 6.000 m² stor park i 5. Bezirk, Margareten. Parken er opkaldt efter Leopold Bacher (1793-1869), som var rådmand for de fattige gennem fire årtier i Margareten. Parken kaldes også for en Beserlpark *(se ordforklaring på side 19 i denne bog)*. Bacherpark og den omkringliggende plads, Bacherplatz, har fået sit navn efter Leopold Ba-

cher, som var embedsmand i bydelen i gennem fire årtier. Parken benyttes af de lokale beboere, men også som legeplads for elever fra den nærmeste skole. Siden 2013 har parken haft klatrestativer, legetårne og boldanlæg. Desuden er der en såkaldt *hundezone* i parken, hvor folk kan lade deres hunde løbe frit. Omkring år 2002 kom der planer frem om, at der skulle indrettes et underjordisk parkeringshus under parken, men det førte til utallige protester samt en besættelse af parken. Mere end 66 procent af befolkningen var mod parkeringshuset, hvorefter planerne blev taget af bordet. I nærheden af parken kommer der en U-banestation, Reinprechtsdorfer Straße, på linien U2, som efter planen skal være færdig omkring år 2028.

Barankapark Hellerwiese
Belgradplatz • 1100 Wien

Barankapark Hellerwiese var tidligere kendt som Hellerweise, da slik- og chokoladefabrikken Heller oprindeligt lå i områdets sydlige ende, nærmere ved Belgradplatz. Pladsens eneste byggeri var slik- og chokoladefabrikken Heller, mens engen blev benyttet af rejsende, det vil sige sigøjnerne, lovaraerne, romaerne og sintierne, som solgte deres varer, hovedsageligt heste, her. I 1941 blev de rejsende deporteret til KZ-lejre. I år 2003 blev parken navngivet Barankapark efter et medlem af den tidligere lovara-slægt, som var kendt som en naturhealer. Plantningen af et kastanjetræ og opstillingen af en mindesten i parkens sydvestlige hjørne er til minde om dette. Denne naturhealer var bedstemor til Mongo Stojka og Ceija Stojka.

I maj 2014 blev der i parken lagt seks erindringssten, *Steine der Erinnderung*, som minder meget om de snublesten, *Stolpersteine*, som er til minde om ofrene for Holocaust. Erindringsstenene i parken er til minde om de medlemmer fra romafamilierne, som blev deporteret og myrdet under naziregimet.

Det var brødrene Gustav og Wilhelm Heller der, i 1891, grundlagde en slik- og chokoladefabrik. Blandt deres kendte produkter var bolsjer, eller Wiener Zuckerl, som de også blev kaldt, samt chokobananer. De fremstillede deres produkter ved hjælp af vakuumapparater, der blev drevet af vanddampe som mindskede lufttrykket. Sukkeret blev tilberedt under vakuumtryk, og ikke over åben ild. Heller-brødrene var langt foran deres konkurrenter, og fremstillede en bedre kvalitet end de andre. Gustav Heller (1857-1937) og Wilhelm Heller (1859-1931) var hofleverandør til det kongelige og kejserlige hof, men deres produkter blev også eksporteret til 64 lande, herunder Egypten, Frankrig, Tyrkiet samt USA. Alle var vilde med slikket fra Wien. Fabrikken flyttede i 1899 fra 3. Bezirk til 10. Bezirk, og i 1914, kort før Første Verdenskrigs udbrød, var der 1.500 ansatte på fabrikken, men i 1937 var antallet af ansatte faldet til blot 800. Da nazisterne kom til magten blev fabrikken *ariseret*, da

brødrene Heller stammede fra en jødisk familie, men efter Anden Verdenskrigs afslutning blev fabrikken givet tilbage til familien. Fabrikken blev i 1971 købt af firmaet *Victor Schmidt & Söhne*, som inddragede Heller-produkterne ind i deres egen produktion og fabrikken på Belgradplatz blev lukket, på dette tidspunkt havde fabrikken 350 ansatte. I 1994 blev *Victor Schmidt & Söhne* en del af *Nestlé koncernen*, men blev købt af wiener kiksefabrikanten *Manner* i år 2000.

BAUMGARTNER-CASINO-PARK
Baumgartner-Casino-Park
1140 Wien

Baumgartner-Casino-Park er en cirka 19.500 m² stor park i 14. Bezirk, Penzing. Parken rummer en stor legeplads med gynger, trampolin, vipper og en vandlegeplads, som er i drift fra klokken 11.00 til 18.00 på varme dage, hvor temperaturen er mindst 25 grader i skyggen. Derudover er der boldplader, et vikingeskib og sandkasse.

BELVEDERE GARTEN
Prinz Eugen Straße 27 • 1030 Wien
www.belvedere.at

Parken eller haven omkring Belvedere er anlagt i fransk barokstil med grusbelagte stier, springvand og lave hække. Havens arkitekt var Dominique Girard, der havde været elev hos selveste André Le Nôtre, da parkanlægget ved Versailles i Frankrig blev anlagt. Parken er beliggende mellem Obere og Untere Belvedere. Parken har næsten ikke ændret sig siden den blev anlagt i 1700-tallet. Parallelt med slottet finder man en botanisk have, der rummer en stor samling af alpine blomster og planter. Da Obere Belvedere er beliggende cirka 23 meter højere end Untere Belvedere er temaet for skulpturerne i den del af parken *opstigningen fra Underverdenen til Olympen*. Der er bygget en trappe mellem de to områder, og haven er opdelt i tre dele, øvre, midterste og nederste parterre. I området omkring Untere Belvedere finder man Orangeriet samt Kammergarten, som begge er adskilt fra resten af haven. Kammerhaven blev anlagt efter Friedrich Carl Emil von Lühes planer, og var en afdeling kun til monarkiets planter, som blev passet af Nicolaus Thomas Host (1761-1834). I 1827 blev netop denne del af haven betegnet som *noget uordnet noget*.

Niveauforskellene er markeret med springvand, såkaldte kaskadespringvand, det øverste springvand kaldes *Große Kaskadenbrunnen*, *Store Kaskadebrønd*, eller blot *Kaskadebrønden*. *Kaskadebrunnen*, som består af to bassiner, er forbundet med en fem trins kaskade. Den nederste kaldes *Muschelbrunnen*, *Muslingebrønden*, da der i midten er et bassin, der er udformet som en musling. I de tre parterre samt i Kammergarten er der flere mindre springvand. Der er i alt 12 springvand, store såvel som mindre. Parken ved Belvedere blev åbnet op for offentligheden i 1780, da kejser Joseph den Anden blev eneregent efter kejserinde Maria Theresias død samme år. Det er gratis at besøge slotsparken, som er åben dagligt fra 6.30 til 18.00.

DEN BOTANISKE HAVE

Den botaniske have ved Belvedere har en samling af lægeurter som Maria Theresias livlæge, Gerard von Swienten, samlede. Den botaniske have er beliggende øst for slottet. Haven har åbent året rundt.

DEN ALPINE HAVE

Den alpine have, Alpengarten, ved Belvedere Slot rummer tusindvis af sjældne alpinske planter, herunder ensian og edelweiss. Denne have har kun åbent fra april til juli, og kun når vejret er godt. Denne del af parken er cirka 2.500 m² stor og er en af de ældste alpinehaver i Europa. Samlingen af de mange alpineplanter kan spores tilbage til ærkehertug Johann, der var bror til kejser Franz den Anden, og var oprindeligt en del af parken ved Schloß Schönbrunn, og grundlagt i 1803. I 1865 flyttede man den alpine have, *Alpinum*, sammen med *Host'schen Garten*, også kaldet *Flora Austriaca*, som er en samling af planter fra de østrigske kronlande, til den tidligere køkkenhave ved Belvedere. Efter monarkiets opløsning, efter Første Verdenskrig, overtog Republikken Østrig i 1918 ansvaret for haven. I 1930 overtog Wiens Universitet *Host'schen Garten* og flyttede den til universitets egen botaniske have.

18

Den alpine have forblev ved Schloß Belvedere, og passes i dag af staten.

BERTHA-NEUMANN-PARK
Rudolf-Waisenhorn-Gasse
1230 Wien

Bertha-Neumann-Park er en cirka 800 m² stor park mellem Rudolf-Waisenhorn-Gasse og Breitenfurter Straße i 23. Bezirk, Liesing. Parken er en såkaldt Beserlpark. Parken er opkaldt efter Dr. Bertha Neumann (1893-1944), som var den første østrigske kvinde, der fik en doktortitel i statsvidenskab. Bertha Neumann var gift med kommunelægen Dr. Karl Neumann. Bertha og Karl Neumann, samt deres søn, blev i 1944 deporteret af nazisterne til KZ-lejren i Auschwitz, hvor de blev myrdet. Parken i Liesing blev navngivet i november 2017.

BESERLPARK
Beserlpark er et ord på wienerdialekt om en *lille, elendig park*, indtil for nylig var ordet også et udtryk for en lille parkeringsplads, dog uden at have en nedsættende betydning. Ordet *Beserlpark* bruges i det daglige sprog, af og til også som skriftsprog. Ordet kan bedst betegnes for en lille bypark *på størrelse med en stor trafikø* eller en grøn offentlig plads foran en bygning.

BILL-GRAH-PARK
Fatty-George-Gasse • 1220 Wien

Bill-Grah-Park er beliggende i midt bydelen Essling i 22. Bezirk, Donau-stadt. Parken er opkaldt efter cen tyske jazzmusiker Bill Grah. Parken er anlagt på et sted, hvor der i cet 19. århundrede var en branddam. I 1934 blev branddammen gjort mindre og fik sin nuværende runde form. I 1992 blev området omkring dammen forvandlet til en lille park, og da gaden øst for parken i 1997 blev opkaldt efter jazzmusikeren Fatty George, som var opvokset i Essling, valgte man i 1999 at opkalde parker efter den tyske jazzpianist Bill Grah, som havde boet i 22. Bezirk fra 1955, og havde arbejdet sammen med Fatty George. Parken er cirka 3.680 m² stor, beliggende mellem Esslinger Hauptstraße, Gartenheimstraße og Fatty-George-Gasse. Parkens branddam hedder i øvrigt Bill-Grah-Park-Teich.

BLUMENGÄRTEN HIRSCHSTETTEN
Quadenstraße • 1220 Wien

I Hirschstetten finder man en blomsterhave, Blumengärten Hirschstetten, som siden 1950erne har været åbent for offentligheden. Siden år 2002 har anlægget været åbent fra midten af marts til midten af oktober, dog har palmehuset også åbent om vinteren. Haven har et temaområde på 60.000 m², samt et palmehus på 700 m². Desuden er der en mindre dyrehave med skildpadder, geder med videre. I haven er der desuden en lang række fugle, svaner, ænder, flamingoer, pelikaner, fiskehejrer, storke og meget mere. Blomsterhavens historie kan spores tilbage til 1860, da byen Wien erhvervede gartneriet ved Bechard-Palais, for at have et sted, hvor de kunne producere de nødvendige mængder af planter og blomster til byens mange haver og parker. Senere blev gartneriet flyttet til Heumarkt og i slutningen af 1800-tallet flyttede gartneriet til Leopoldstadt, 2. Bezirk, hvor de havde et område på 46.000 m² med mistbænke, drivhuse og fra 1904 et palmehus, hvor planter som ikke kunne tåle at være ude om vinteren kunne stå. Udover gartneriet i Leopoldstadt havde man også et gartneri i Kagran på 71.300 m². Netop gartneriet i Kagran kom under Første Verdenskrig samt i tiden efter krigen til at spille en vigtig rolle, da man her tilbød wienerne kurser i, hvordan man selv kunne lave en køkkenhave og selv producere grøntsager og frugter. Gartneriet hjalp til med at lave forspiringen af grøntsagerne, som blev givet til befolkningen. Kort før slutningen af Anden Verdenskrig var der to store og seks mindre drivhuse, som blev drevet af byens gartnerier. I 1950erne havde man fundet en grund i Hirschstetten på Quadenstraße, som egnede sig til gartneri. I 1957 begyndte udflytningen af byens gartnerier til Hirschstetten.

Fire gange om året bliver der plantet friske planter i Wiens parker, langs veje og grønne oaser. I februar og marts er det forårsblomster, cirka 260.000 planter. Mellem maj og september er det cirka 1.200.000 sommerblomster. Fra september til december bliver der udplantet cirka 50.000 efterårsblomster, desuden udplantes der godt 50.000 flerårige stauder. Alle disse blomster stammer hovedsageligt fra gartneriet i Hirschstetten. Desuden sørger gartneriet også for beplantning ved de kommunale bygninger, skoler og ved byens sygehuse, samt dekorationer med blomster til byens baller, samt til repræsentations- og informationsarrangementer, der arrangeres af byen Wien.

BOCK-PARK
Fiakerplatz • 1030 Wien

Ved Fiakerplatz i 3. Bezirk, Landstraße finder man Bock-Park, som i oktober 2008 blev opkaldt efter Sofie Bock (1875-1942) og hendes datter Josefine-Katharina Bock (1901-1942), som i begyndelsen af maj 1942 blev deporteret til Minsk, hvor de få dage senere blev myrdet i KZ-lejren Maly Trostinec.

BOTANISCHER GARTEN DER UNIVERSITÄT WIEN
Rennweg 14 • 1030 Wien

Wien Universitets Botaniske Have, *Botanische Garten der Universität Wien*, på latin *Hortus Botanicus Vindobonensis* eller blot *HBV*, er en botanisk have, der blev grundlagt i 1754, som i dag er beliggende i 3. Bezirk, Landstraße. Den botaniske have er den del af fakultetet for botanik og bioversitetsforskning. Haven er cirka 8 hektar stor, har 1.500 m² drivhuse og rummer cirka 11.500 arter. En del af den botaniske have er offentligt tilgængelig, heriblandt tropehuset. Den botaniske have under Wiens Universitet blev, som tidligere nævnt, anlagt i 1754 som en *Hortus Medicus*, en have med medicinske planter, på blot en hektar. Senere gav kejserinde Maria Theresia sin livlæge, Gerard van Swieten, lov til at købte en grund på 2 hektar ved Rennweg. Denne have blev anlagt efter Robert Laugiers planer, som siden 1749 havde opholdt sig i Wien. Anlæggelsen af haven gik godt, og Robert Laugier blev udnævnt til havens første direktør, en post som han besad fra 1754 til 1768.

Haven udviklede sig i en videnskabelig retning, og planterne blev ordnet efter den svenske naturforsker Carl von Linnés system *Species Plantarum for planter* fra 1753 samt *Systema Naturae for planter, dyr og mineraler* fra 1758-1759. Fra 1766-1768 skabte Carl von Linné grundlaget for den moderne botaniske og zoologiske nomenklatur, det vil sige navngivning af dyr, planter og mineraler. I 1768 overtog Nikolaus Joseph von Jacquin direktørstolen, på dette tidspunkt rummede haven cirka 8.000 arter, og var vokset til godt 7,8 hektar. Da Nikolaus Joseph von Jacquin

Blomster

fratrådte sin stilling i 1796, overtog hans søn, Joseph Franz von Jacquin, posten som direktør, som han besad indtil 1839. I 1841 blev den botaniske have omlagt til engelsk havestil efter Stephan Ladislaus Endlichers system, som var blevet havens direktør i 1839. Haven blev opdelt i 196 bede og i 1844 var det botaniske museum færdigt. Det botaniske museum blev 34 år senere en del af det nye Naturhistoriske Museum Wien.

I 1930 overtog Wiens Universitet *Host'schen Garten* og flyttede den til universitets egen botaniske have. Men så kom Anden Verdenskrig, og store dele af Wien blev ramt. Området omkring Südbahnhof, der lå i nærheden af den botaniske have blev bombet over 40 gange. Mere end 200 træer blev ødelagt, det gjorde det tidligere botaniske museum også. Man skulle helt frem til 1970erne før man havde fået helt styr på, hvad der var gået tabt under krigen, og man havde fået genopbygget samlingen af planter. Dog stod renoveringen af havens bygninger og drivhuse på i mange år. I 2011 blev den botaniske have til en såkaldt *Core Facility Botanischer Garten*. *Core Facility* kan defineres som centraliserede delte ressourcer, hvor der blandt andet gives adgang til instrumenter, teknologier, tjenester samt ekspertrådgivning til videnskabelige og kliniske forskere, og den botaniske have blev en del af fakultetet for biovidenskab. I slutningen af 2015 begyndte man at indrette haven i nye systematiske

21

grupper efter *APG III Systemet*, men for at beholde de historiske komponenter fra de tidligere systemer, blev der åbnet en såkaldt *Endlicher-Fenzel-Kerner-Weg*, hvor de oprindelige systemer fra de tre tidligere direktører er blevet bibeholdt.

BRAUNHUBERPARK
Lorystraße 57B • 1110 Wien

Braunhuberpark er en godt 5.000 m² park i 11. Bezirk, Simmering. Parken er beliggende mellem Lorystraße, Ehamgasse og Braunhubergasse. Parken har en del gamle træer, græsområde, legepladser, bænke, drikkevandsbrøde og en hundezone. Braunhuberpark, og den nærliggende Braunhubergasse, blev navngivet i juni 1875, og opkaldt efter landmand og Simmerings borgmester fra 1856 til 1862, Joseph Braunhuber (1811-1862).

BREHMPARK
Brehmstraße • 1110 Wien

Brehmpark er beliggende i 11. Bezirk, Simmering. I 1890 blev der anlagt en offentlig plads overfor en skole, denne plads udviklede sig senere til en lille park, en såkaldt Beserlpark *(se ordforklaring på side 19 i denne bog)*, ved Brehmstraße. Den cirka 750 m² store park er opkaldt efter Alfred Brehm, der var zoolog og forfatter. Parkens ældste træ blev plantet i 1964, og er et ahorntræ. Der er i alt 9 træer i parken, desuden rummer parken også muligheder for at sidde.

BRUNO-KREISKY-PARK
Sankt-Johann-Gasse • 1050 Wien

Bruno-Kreisky-Park er en 10.300 m² stor park i 5. Bezirk, Margareten, mere præcis mellem Margaretengürtel og Rechte Wienzeile. Da man i slutningen af 1800-tallet rev Linienwall ned, blev der anlagt en park, Sankt-Johann-Park, i bydelen Hundsturm. Parken blev i 1908 opkaldt efter Spital Zu St. Johann an der Als, som blev grundlagt af Friedrich dem Schönen, som engang ejede området. I juli 2005 blev parkens navn ændret til Bruno-Kreisky-Park i anledningen af 15-årsdagen for Bruno Kreiskys død, og hvorfor? Jo, Bruno Kreisky var vokset op i en ejendom i Schönbrunner Straße 122, som er tættestbeliggende boligblok på parken. Bruno Kreisky (1911-1990) var østrigsk forbundskansler. Han var socialdemokrat, og måtte under naziregimet emigrere. I 1945 blev han østrigsk diplomat i Sverige og i 1951 blev han statssekretær og udenrigsminister. I 1967 blev han formand for det østrigske socialdemokrati, SPÖ. I 1970 blev han desuden forbundskansler i Østrig, en post som han sad på frem til 1983, og blev dermed den længst regerende forbundskansler i Østrigs historie.

BRUNO-MORPURGO-PARK
Endresstraße 2-18 • 1230 Wien

Bruno-Morpurgo-Park er beliggende i 23. Bezirk, Liesing, den er cirka 8.000 m² stor og befinder sig i Endresstraße mellem Atzgersdorfer

Kirchenplatz og S-Bahn-Station Atzgersdorf. Parken blev i oktober 2008 opkaldt efter komponisten Bruno von Morpurgo (1875-1917). Parken rummer græsplæner, siddemuligheder, træer, legepladser, og boldbaner. Bruno von Morpurgo var opvokset i en musikalsk familie i Atzgersdorf, han studerede på Konservatoriet fra 1892 og i årene 1893-1895 fulgte han en række forelæsninger på Wiens Universitet, blandt andet hos komponist og organist Anton Bruckner.

BURGGARTEN
Josefsplatz 1 • 1010 Wien

Den nuværende Burggarten lå oprindeligt ved Widmertor udenfor bymuren, som omkransede Wien. I det 16. århundrede blev området en del af Glacis, altså det ubebyggede område, som gjorde det nemt for vagterne på den befæstede bymur at holde øje med, hvem der nærmede sig byporten. I 1637 blev skansen Augustinerschanze anlagt her. I 1809 blev både Augustinerschanze og bastionen Augustinerbastei sprængt af de franske tropper under ledelse af Napoleon, det var kun bastionen som efterfølgende blev genopført. I årene 1817-1821 blev Hornwerkkurtine flyttet længere ud, dermed opstod der et nyt område bag bastionen, Augustinerbastei. Derfor blev der anlagt en privat have til kejserfamilien, *Kaisergarten*, samt opført en mur og en rampe, der adskilte haven og Heldenplatz. Det var et sted, hvor kun medlem-

Kurtine
Ordet kurtine kommer fra det franske ord courtine samt frc det latinske ord cortina, som betyder forhæng, men i dette tilfælde er det en jordvold eller en fæstningsmur, der forbinder to bastioner i et fæstningsværk. Eksempler på kurtiner findes også i Danmark, henholdsvis Kastellet i København samt Kronborg i Helsingør.

mer af Habsburger-slægten havde adgang. Den nye hofhave blev planlagt af Ludwig Gabriel von Remy og hofgartner Franz Antoine den Ældre, som i øvrigt også stod for anlæggelse af Volksgarten. Helt alene om opgaven var de ikke, de fik nemlig hjælp fra kejser Franz, som rent faktisk var uddannet gartner. Man fandt frem til en lang række nye plantearter fra ind- og udland, blandt andet ved at kontakte andre gartnere.

Senere blev haven udvidet og forvandlet til en have i engelsk landskabshavestil, bag denne forvandling stod Franz Antoine den Yngre. Hornwerkkurtinen blev revet ned i 1863 og den lille have blev udvidet ud mod Ringstraße, og der blev anlagt en dam i haven og hegnet omkring haven blev skabt af Moritz Löhr. Da man opførte den nye fløj ved Hofburg, Neue Hofburg, blev haven gjort mindre og den daværende mur blev fjernet. I 1919 efter monarkiets opløsning blev haven, eller parken, åbnet op for offentligheden. Navnet blev i en kort periode ændret til *Garten der Republik*, men skiftede hurtigt navn til Burggarten, det navn som vi kender i dag.

HVAD KAN MAN OPLEVE I BURGGARTEN?

I skyggen af Neue Burg finder man en række statuer af blandt andre kejser Franz den Første, kejser Franz Joseph den Første samt Wolfgang Amadeus Mozart. Desuden er der et springvand i haven. Men det er også muligt at besøge havens palmehus, med blandt andet sommerfuglehuset, Schmetterlinghaus.

PALMEHUSET

Det oprindelige palmehus, eller Palmenhaus, blev tegnet af Ludwig Gabriel von Remy, og var egentligt to drivhuse. Men omkring år 1900 blev de oprindelige drivhuse erstattet af det nuværende palmehus, som blev tegnet af Friedrich Ohrmann. Palmehuset ligger parallelt med Augustinerbastei og har en forhøjet terrasse. I dag bliver den venstre del af palmehuset benyttet af sommerfuglehuset, Schmetterlinghaus, med en lang række tropiske planter og smukke sommerfugle, mens den midterste del af palmehuset fungerer som café og restaurant.

FRANZ-STEPHAN-DENKMAL

Statuen af kejser Franz Stephan, der var gift med kejserinde Maria Theresia, blev skabt af Balthasar Ferdinand Moll i 1781. Statuen stod oprindeligt på Paradeisgartl, men blev i 1819 flyttet til Burggarten, hvor den fik en ny stensokkel. Det er i øvrigt den ældste rytterstatue i Wien.

FRANZ-JOSEPH-DENKMAL

Statuen af kejser Franz Joseph blev skabt af Johannes Benk i 1904. Statuen blev oprindeligt skabt i sten til den nuværende Theodor Körner kommandobygning i 14. Bezirk. Men Josef Tuch (1859-1943), som havde været elev hos Johannes Benk, skabte, sammen med arkitekt Karl

Burggarten

24

Badstieber, en kopi i bronze, som oprindeligt stod i Stadtpark i Wiener Neustadt. Under Anden Verdenskrig blev statuen beordret smeltet om, så metallet kunne benyttes til krigsmateriale, men det skete heldigvis ikke. Efter krigen blev statuen repareret af Viktor Hammer, hvorefter den gamle kejser placeret i Burggarten i 1957.

ABRAHAM-A-SANCTA-CLARA-DENKMAL

Abraham a Sancta Clara, som oprindeligt var døbt Johann Ulrich Megerle var katolsk prædikant og forfatter. Johann Ulrich Megerle, eller Abraham a Sancta Clara, blev født i juli 1644 i den tyske by Kreenheinstetten i Baden-Württemberg. Hans far var en af fyrst von Fürstenbergs livegener, men havde også kroen *Zur Traube*. Til trods for, at faderen var fyrstens livegen, blev han betragtet som en af egnens rigeste mænd. Johann, eller Abraham, blev komponist og domkapelmester i Salzburg i en periode, inden han i 1662 an-

Mozart Denkmal - Burggarten

kom til Kloster Maria Brunn, som i dag er en del af 14. Bezirk, Penzing, hvor han blev en del af Augustiner munkeordenen, hvor han fik sit navn Abraham a Sancta Clara. Men før Johann kunne indtræde i munkeordenen, måtte der betales 12 Gulden for at blive befriet fra fyrstens *ejendom*. Statuen af Abraham a Sancta Clara blev skabt af billedhugger Hans Schwarthe i 1928.

MOZART DENKMAL

For at ære komponisten Wolfgang Amadeus Mozart (1756-1791) har man skabt et mindesmærke for komponisten i Wien. Den 7,5 meter høje skulptur stod oprindeligt på Albrechtsplatz, den nuværende Albertinaplatz, men i 1953 blev den flyttet til dens nuværende placering i Burggarten, direkte ved indgangen fra Burgring, overfor Eschenbachgasse. Det var arkitekt Karl König (1841-1915), der tegnede skulpturen, og billedhugger Viktor Tilgner (1844-1896), der skabte den i marmor fra Sydtyrol, Südtirol. Under et luftangreb den 12. marts 1945 blev monumentet svært beskadiget, men blev efterfølgende renoveret. Det er værd at bruge lidt til ved monumentet for at se de mange detaljer der er, hvis det er muligt at komme til for selfihungrende turister. I 1992 gav byen Wien en kopi af mindesmærket til den japanske by Tokyo.

25

SPRINGVAND

Figurerne, Herkules og løverne, i Herkulesbrønden, Herkulesbrunnen, stammer oprindeligt fra Esterházypark i 6. Bezirk. De blev skabt omkring år 1770, men blev flyttet til midten af dammen i Burggarten i 1948.

CARSONYPARK

Zamenhofgasse • 1110 Wien

Carsonypark er en 4.950 m² stor park, som er beliggende i Zamenhofgasse, i nærheden af boligkomplekset Hasenleitensiedlung, i 11. Bezirk Simmering. Parken blev i november 2016 opkaldt efter brødrene og artisterne Karl, Josef og Engelbert (Bert) Schrom, som var vokset op i Simmering. Brødrene kaldte sig for *Carsony Brothers*, i håb om at opnå en international karriere. Blandt de mest kendte numre var deres synkroniserede enarmet håndstand på vandrestokke.

CHRISTINE-BUSTA-PARK

Tivoligasse 12 • 1120 Wien

I hjertet af 12. Bezirk, Meidling finder man Füchselhofgasse, Theresienbad samt Christine-Busta-Park. Parken blev tidligere kaldt for Füchselhofpark, da det var her Füchselhof lå indtil 1903, men parken hedder officielt, *Christine-Busta-Park*, opkaldt efter lyriker og børnebogsforfatter Christine Busta (1915-1987), som blandt andet blev hædret med den store østrigske litteraturpris, *der österreichische Förderungspreis für*

Literatur, som blev uddelt fra 1950 til 2009. Prisen blev i 2010 erstattet af prisen *Outstanding Artist Award für Literatur*, som uddeles en gang om året af Ministeriet for Undervisning, Kultur og Kunst.

CHRISTINE-NÖSTLINGER-PARK

Lidlgasse 5 • 1170 Wien

Christine-Nöstlinger-Park er en cirka 17.000 m² stor park i Lidlgasse i 17. Bezirk, Hernals. I parken er der legeplads med sandkasse, outdoor-fitness og talrige japanske kirsebærtræer, som er en gave fra den japanske by Fuchu, som er venskabsby med 17. Bezirk, Hernals. Parken er opkaldt efter forfatter Christine Nöstlinger, født Draxler (1936-2018), som skrev mere end 100 børnebøger, hvilket gjorde hende til en af de mest kendte og indflydelsesrige børnebogsforfattere i den tysksprogede verden. Hendes bøger blev oversat til en række andre sprog og hun blev desuden hædret med en række internationale priser, som Hans Christian Andersen Medaljen og Astrid Lindgrens Mindepris.

DEHNEPARK

Dehnegasse • 1140 Wien

Dehnepark er en naturpark på cirka 50.000 m² i 14. Bezirk, Penzing. Parken er en del af Wienerwald, og er beliggende i Rosental for foden af den østlige del af Satzberg, som er Hütteldorfs husbjerg. I parken finder man en kunstigt anlagt dam, som er et vigtigt sted for den hjemmehørende rødøret terrapin skildpadde, på tysk *Rotwangen-Schmuckschildkröte*. Dehnepark var oprindeligt en park, som blev anlagt til fyrstinde Maria Antoine Paar, fra adelsslægten Liechtenstein, i 1791-1804 af Friedrich Mayern i engelsk havestil.

Parken er opkaldt efter konditor August Dehne (1796-1875), som i det 19. århundrede overtog familiens bageri *k.u.k. Hofzuckerbäckerei* efter sin far Ludwig Dehne. Bageriet, eller konditoriet, lå på Michaelerplatz lige ved kejserresidensen Hofburg. Det gjorde ham til en velhavende mand, og købte i den forbindelse palæet Palais Dietrichstein i Dorotheergasse samt en stor grund i Hütteldorf. I 1857 solgte August Dehne familiens bageri samt konditori til sin ældste svend, som var ingen andre end Christoph Demel.

Christoph Demel flyttede bageri og konditori til Kohlmarkt, hvor hans sønner, Josef og Karl, førte virksomheden videre, nu under navnet *Christoph Demel's Söhne*. I dag er bageriet og konditoriet bedst kendt som *Hofzuckerbäckerei Demel* eller *Der Demel*. August Dehne ejede i en årerække området her. Senere købte filminstruktør Willi Forst området og fik opført en villa. Efter Anden Verdenskrig viste Wiens kommune interesse for det tilgroede område, men det lykkedes først kommunen at købe området af Willi Forst i 1969. Parken blev åbnet for offentligheden i 1973.

DONAUPARK
Wallenberggasse • 1220 Wien

Donaupark er et 632.966 m² stort parkanlæg i 22. Bezirk, Donaustadt, mere præcis mellem Wagramer Straße, boligkvarteret Bruckhaufen, Arbeiterstrandbadstraße og Hubertusdamm. En del af området var oprindeligt et militært skydeområde mellem 1871 og 1945. Under nazisternes besættelse af Wien skete der mange henrettelser her, det mindes man i nærheden af den kinesiske restaurant i den nordlige del af parken. Mindestavlen blev opsat den 5. november 1984, og hvert år, den 27. oktober, afholder man en mindehøjtidelighed her. I en anden del af parken lå der en losseplads fra 1880 til 1964, men i 1958 blev det besluttet, at man fremover ville afbrænde affaldet i stedet for. Men hvad skulle man nu benytte området til, et område som er beliggende ved Donau, blot 4 km i luftlinie fra centrum, en park naturligvis. Det faldt sammen med, at Wien skulle være vært ved den internationale haveudstilling, WIG 64, i 1964. Donaupark blev anlagt og indviet den 16. april 1964.

I 1983 var Pave Johannes Paul den Anden på besøg i Wien i forbindelse med de katolske kirkedage, som blev afholdt i nærheden af Donauturm. Området, hvor Paven afholdte den hellige messe med 300.000 tilhører, cirka 20 hektar af Donaupark, blev senere omdøbt til Papstwiese, Paveengen. Men det er ikke helt problemfrit med at anlægge en park

Donaupark - set fra Donauturm

Donauturm

på en tidligere losseplads, for der er flere steder, hvor der siver gas op fra undergrunden, det har blandt andet ført til, at flere af parkens springvand er blevet fjernet. Det er nemt at komme til parken, enten på cykel, med U-Bane linie U1 til stationen Alte Donau eller Kaisermühlen/VIC eller med bus 20 B, 90 A, 91 A samt 92 A. Parken har meget at byde på, der er blandt andet legepladser, skaterpark, tennisplads og grønne områder. Om sommeren kan der være koncerter på scenen, Bühne Donaupark, hvor der er gratis adgang.

DONAUPARKBAHN
www.liliputbahn.com/donaupark.htm

I Donaupark kører der et lille tog, Donauparkbahn. Rundstrækningen er på 3,34 km, og sporvidden er blot 381 millimeter. Banen blev indviet i forbindelse med Wiener Internationalen Gartenschau, WIG, i 1964, samtidig med indvielse af parken. Der er i alt tre stationer, Donauturm, Rosenschau og Donaucity (som var den tidligere hovedindgang til haveudstillingen). En tur tager cirka 20 minutter. Banen drives af samme selskab, som også driver Liliputbahn i forlystelsesparken Prater.

DONAUTURM
Donauturmstraße 8 • 1220 Wien
www.donauturm.at

Jeg er ikke glad for højder... Det indrømmer jeg gerne, men nu har jeg overlevet at komme op i Fernsehturm i Berlin flere gange og Pano-

ramapunkt, også i Berlin. Så hvorfor skulle jeg så ikke kunne klare Donauturm i Wien... tja... jeg var faktisk forbi første gang i 2018, men havde ikke modet til at tage turen op i tårnet. Men jeg ville op og se udsigten og have billeder af Wien fra højderne. Så i forbindelse med planlægningen af turen i 2019, blev det skrevet på min måske-liste, for jeg vidste jo ikke, hvordan vejret var, og hvis jeg nu ikke turde alligevel, så kunne jeg altid give vejret skylden. Nej... det var bare dårlige undskyldninger, så med sommerfuglene drøne rundt i maven på mig, satte jeg mig ind i en af de gule Vienna Sightseeing busser, den blå linie. Man kan også komme derud på andre måder, men nu havde jeg købt en to-dages billet til sightseeing-busserne, så var det dumt ikke at benytte den, og netop den blå linie har et stoppested for foden af tårnet, så det var ingen undskyldninger for, at jeg ikke kunne finde det. Jeg fik købt min billet, og i løbet af ganske kort tid, blev jeg transporteret op til udsigtsplatformen. Jeg er egentlig heller ikke glad for at køre i elevatorer, men det glemte jeg her, da jeg kunne få en helt særlig oplevelse. For elevatorens loft var der en glasplade således, at man kunne se tårnet indeni, mens man kørte. Det var en dag, hvor der var en god blæst i højderne, så man skulle holde godt fast, men det var en fantastisk oplevelse.

Donauturm er beliggende i Donaupark i den 22. bydel (22. Bezirk), Donaustadt. Tårnet, som i dag er en af

Wiens mange vartegn, blev opført i 1962-1964 og er tegnet af arkitekt Hannes Lintl. Udsigtsplatformen er beliggende i 150 meters højde og tårnet er i alt 252 meter højt. Turen op til platformen foregår med en af to elevatorer, Det tager 35 sekunder, hvis man hellere vil gå, så er der 776 trin, så hellere tage elevatoren, det er hurtigere. Desuden er der to restauranter i tårnet. Tårnet benyttes desuden som mobilmast, radiomast samt til målestationer blandt andet til vejret og måling af luftforurening, dog ikke som TV-mast.

DOROTHEA-NEFF-PARK
Bandgasse • 1070 Wien

Dorothea-Neff-Park er beliggende på hjørnet af Bandgasse og Seidengasse i 7. Bezirk, Neubau. Parken er opkaldt efter skuespiller Dorothea Neff (1903-1986), der efter flere engagementer på flere tyske teatre, kom til Wien i 1939, hvor hun fik hyre på Deutsche Volkstheater. Fra 1941 til 1945 skjulte hun, i sin lejlighed i Annagasse, 1. Bezirk, sin jødiske veninde Lilli Wolff, der var i fare for at blive deporteret til en af nazisternes KZ-lejre. Efter Anden Verdenskrigs afslutning fortsatte Dorothea Neffs karriere på Volkstheater, senere også på Akademietheater og på Burgtheater.

DR.-RUDOLF-HATSCHEK-PARK
Schrailplatz 3 • 1230 Wien

Dr.-Rudolf-Hatschek-Park er en cirka 1.500 m² stor Beserlpark, *(se ordforklaring på side 19 i denne bog)*, i midten af Schrailplatz i 23. Bezirk, Liesing. Parken blev i maj 1954 opkaldt efter Dr. Rudolf Hatschek (1874-1939), som var læge i Atzgersdorf samt politiker og medlem af det østrigske socialdemokratiske parti, SPÖ. Dr. Rudolf Hatschek blev offer for fascismen, da han efter Tysklands annektering af Østrig i 1938, kom til at høre under nazisternes racelov, og blev underlagt forbud mod at arbejde som læge. Han døde i 1939 i sin lejlighed, man formoder, at dødsårsagen var selvmord. I juni 1942 blev hans hustru, Helene Hatschek (1880-1942), og sønnen Wilhelm Hatschek (1916-1942), sat på et deportationstog og sendt fra Wien til Minsk, hvor de ved ankomsten til fornægtelseslejren Maly Trostinez blev myrdet. I parken finder man en mindesten for Franz Schubert.

DRASCHEPARK
Anton-Balzer-Weg • 1230 Wien

Draschepark er en 13 hektar stor park i bydelen Inzersdorf i 23. Bezirk, Liesing. Parken er opkaldt efter familien Drasche von Wartinberg, som i 1857 erhvervede de to slotte i parken. Vandslottet Inzersdorf, som blev opført i det 17. århundrede, samt det nye slot fra 1765. De to slotte blev begge ødelagt under luftangreb under Anden Verdenskrig, og revet ned i 1965, da man anlagde motorvejen Wiener Südosttangente. Parken, som lå rundt om de to slotte, blev oprindeligt benyttet til køkkenhave, frugtplantage og græsplæner. I dag bliver parken benyttet som et rekreativt grønt område med grillpladser, legepladser, BMX-bane og meget mere. Familie Drasche von Wartinberg og teglfabrikant Heinrich Drasche-Wartinberg (1811-1880), var ejere af en stor teglfabrik. Oprindeligt var det Alois Miesbach som grundlagde teglvirksomheden, som producerede byggematerialer, såsom teglsten, mursten, drænrør med videre, i 1819. I 1857 overtog nevøen Heinrich Drasche-Wartinberg virksomheden. Virksomheden er i dag kendt som teglkoncernen Wienerberger, som har cirka 197 teglværker i 30 lande, også i Danmark. Det er en af de største teglproducenter i verden. De har blandt andet leveret teglsten til de fleste byggerier langs med Ringgaden, Ringstraße, i Wien, samt til Arsenal samt til Semmeringbahn.

DRUK-YUL-PARK
Rosenhügelstraße • 1230 Wien

Druk-Yul-Park (*Druk Yul* udtales *Dru Ü*), er opkaldt efter landet Bhutan, tordendragens land. Det er en lille park i 23. Bezirk, Liesing, i krydset ved Speisinger Straße, Wittgensteinstraße og Rosenhügelstraße. I 2007 blev det besluttet at opkalde en park efter det lille kongerige i Himalaya, Bhutan, i forbindelse med deres 100 års jubilæum som kongerige, som er venskabsland med Østrig. Parken blev indviet i april 2012 med deltagelse af blandt andre ambassadørerne fra Kina og Indien.

EBNER-ESCHENBACH-PARK
Marie-Ebner-Eschenbach-Park
1180 Wien

Ebner-Eschenbach-Park blev i 1930 opkaldt efter forfatter Marie von Ebner-Eschenbach, som blev født den 13. september 1830 på Schloß Zdislawitz i nærheden af Kremsier i provinsen Mähren i Tjekkiet. Hun blev døbt Marie Dubský von Třebomyslice, som af datter af Baron Franz Dubský, der blev greve i 1843. Den unge Marie mistede sin mor kort efter fødslen, hvorefter faderen giftede sig med Eugénie Bartenstein, der døde, da Marie var syv år gammel. Da Marie var ti år gammel giftede faderen sig endnu en gang, hans fjerde ægteskab, med grevinde Xaverine Kolowrat-Krakowsky. Xaverine Kolowrat-Krakowsky opfordrede og anerkendte den unge Maries talent for at skrive. Om sommeren boede Marie på slottet i Kremsier, og om vinteren boede hun i Wien. Hun lærte at tale tysk, fransk og tjekkisk, men foretrak selv at tale fransk.

Marie blev som blot 18-årig, i 1848, gift med sin 15 år ældre fætter, Moritz von Ebner-Eschenbach, der var søn af hendes tante Helen. Parret flyttede til Klosterbruck, som på tjekkisk hedder Louka, i nærheden af Znaim i det sydlige Mähren. Moritz von Ebner-Eschenbach, der var professor i fysik og kemi, først på ingeniørakademiet i Wien og senere i Znaim, støttede sin hustrus lyst til at skrive. I 1856 tog Marie til Wien, hvor hun i 1859 blev uddannet urmager, hvilket var meget usædvanligt for en kvinde på dette tidspunkt. Men med tiden vendte hun sig mere og mere mod litteraturen, og i mere end tyve år skrev hun flere stykker til teatret, inspireret af Friedrich von Schiller, dog uden den helt store succes. I 1876 skrev hun kortromanen *Božena*, der blev trykt i det tyske magasin *Deutschen Rundschau*, og med værkerne *Aphorismen* og *Dorf- und Schloßgeschichten* fik hun sit endelige gennembrud som forfatter. Da hun udgav historien om *Lotti die Uhrmacherin* fik forlagene øjnene op for hende. Hendes roman *Das Gemeindekind* fra 1887, har stadig en stor betydning i nutidens litteratur. Hun blev, med sine psykologiske fortællinger, en af det 19. århundredes mest betydningsfulde østrigske forfatterinder. Marie von Ebner-Eschenbach døde den 12. marts 1916 i en alder af 85 år i sin lejlighed i Spiegelgasse 1 i Wien, og bisat i familiegravstedet på slottet i Zdislawitz.

Engelbert-Schliemann-Park
Ketzergasse 328 • 1230 Wien

Engelbert-Schliemann-Park er en cirka 2.200 m² stor Beserlpark, *(se ordforklaring på side 19 i denne bog),* i nærheden af Friedhof Rodaun i 23. Bezirk, Liesing. Det blev i maj 1962 besluttet, at parken skulle opkaldes efter Engelbert Schliemann (1877-1955), som havde været borgmester i den tidligere forstadskommune Rodaun, som i dag er en bydel i 23.

Bezirk, Liesing. I parken kan man finde en statue af Sankt Donatus, som var en kristen helgen, en vejrhelgen, der blev påkaldt for at bede om gunstigt vejr eller for at afværge hungersnød.

Erlachpark
Erlachplatz • 1100 Wien

Erlachpark, eller parkanlæg Erlachplatz, er en cirka 4.500 m² stor park i 10. Bezirk, Favoriten. Parken er en del af Erlachplatz, som i april 1875 blev opkaldt efter arkitekt Johann Bernhard Fischer von Erlach (1656-1723), som blandt andet var arkitekten bag Karlskirche. Parken har flere legepladser samt boldbaner, blandt andet til fodbold og basketball. Parken benyttes ofte som kulisse for filmoptagelser.

Ernst-Jandl-Park
Schlüsseægasse • 1040 Wien

Ernst-Jandl-Park er en lille park på blot 300 m² i Schlüsselgasse i 4. Bezirk, Wieden. Det er en såkaldt Beserlpark *(se ordforklaring på side 19 i denne bog),* som oprindeligt hed Schlüsselpark, men i oktober 2005 blev parkens navn ændret til Ernst-Jandl-Park til minde om digteren og forfatteren Ernst Jandl (1925-2000), som var kendt for sit humoristiske sprog indenfor eksperimentel lyrik. Blandt andet benyttede han kun vokalen o i digtet *Ottos Mops*, og i digtet *schtzngrmm* beskrev han Anden Verdenskrigs lyde gennem ord, som kun var sammensat af bogstaver, der lød som skud eller detonerende missiler. Ordet *schtzngrmm* var hans måde at skrive ordet *Schützengraben*, eller *skyttegrav* på dansk. Ernst Jandls leg med ordene gør, at hans litteratur og lyrik er svær at oversætte til andre sprog, og mange af hans digte bør høres blive oplæst, end selv at læse dem, da hans leg med ord giver end anden mening, når de læses højt. Ernst Jandl endte i slutningen af Anden Verdenskrig i engelsk krigsfangeskab. Efter sin løsladelse begyndte han at studere tysk og engelsk, og i 1949 blev han uddannet gymnasielærer og tog i 1950 en doktorgrad. Ernst Jandl var indtil 1979 lærer på forskellige gymnasier i Wien. Et af de gymnasier lå i Waltergasse i nærheden af parken.

ERWIN-RINGEL-PARK
Schlickplatz • 1090 Wien

Bag Rossauer Kaserne, ved Schlickplatz i 9. Bezirk, Alsergrund, finder man Erwin-Ringel-Park, den relativ lille park, 4.850 m², er en såkaldt Beserlpark, *(se ordforklaring på side 19 i denne bog)*. Parken blev anlagt i 1902, men blev i 1998 omdøbt til Erwin-Ringel-Park, opkaldt efter Erwin Ringel, som var østrigsk læge indenfor psykiatrien og neurologien samt selvmordsforsker. Han var en arbejdsom mand, der skrev og udgav cirka 600 artikler, herunder 20 bøger, omkring psykosomatik, neuroser, forebyggelse af selvmord, socialpsykologi med videre. Han blev født i 1921 i Rumænien af østrigske

forældre. Familien flyttede til Wien i 1926, hvor de boede i Annagasse. Erwin Ringel sad i en kort periode i fængsel i 1939, tilbageholdt af Gestapo, fordi han havde deltaget i en antinationalsocialistisk demonstration på Stephansplatz i oktober 1938. Det havde dog ingen betydning for hans medicinstudium, som han startede på i 1939. Han blev indkaldt til hæren, den tyske Wehrmacht, hvor han i de sidste krigsår gjorde tjeneste på et af Wiens lazaretter. I 1946 blev Erwin Ringel færdig som speciallæge på den psykiatriske universitetsklinik i Wien. Senere blev han professor på universitetet. I 1991 blev han udnævnt til æresborger i Wien. Han døde i juli 1994 af et hjertestop under et besøg i Bad Kleinkirchheim. Han blev fragtet hjem til Wien, hvor han blev begravet i en æresgrav på Wiener Zentralfriedhof, gruppe 33 G, nummer 3.

ESPERANTOPARK OG GIRADIPARK
Operngasse • 1010 Wien

De to parker, Esperantopark og Girardipark som kun er adskilt af en sti, er at finde ved Friedrichstraße og Operngasse i 1. Bezirk. I øvrigt er der to andre parker, Resselpark og Rosa-Mayreder-Park i umiddelbar nærhed. De fire parker er beliggende rundt om Karlsplatz og Karlskirche, og var fra det 16. århundrede en del af den såkaldte forsvarszone, Glacis, der lå på ydersiden af den befæstede by mur, der omkransede det oprindelige Wien. Området var des-

Dr. Ludwig Zamenhof

autoro de la

internacia lingvo

ESPERANTO

Dr. Ludwig Zamenhof grundlæggeren af sproget Esperanto

uden skåret igennem af Wienfluss, som man fra 1895-1902 førte ned i underjordiske kanaler under parkerne. Området blev under anlæggelsen af U-Banen i 1969 reetableret af den svenske arkitekt Sven-Ingvar Andersson. I 2006 blev der etableret nye bede og der blev skabt siddemuligheder.

I Esperantopark finder man et mindesmærke for opfinderen af det simple sprog Esperanto, nemlig Ludwik Lejzer Zamenhof. Mindesmærket blev skabt i 1958 af Josef Müller-Weidler. Mindesmærket stod oprindeligt på Börseplatz, men efter etableringen af parken blev det besluttet, at parken skulle navngives efter esperantistbevægelsen i Wien, som holdt en kongres i 1910 samt to verdenskongresser i 1970 og 1992, i den forbindelse valgte man at flytte mindesmærket til parken. Det er i øvrigt i Esperantopark, at man kan komme ned i kanalsystemet under Wien, det sker i forbindelse med de såkaldte Der Dritten Mann ture, hvor man går i fodsporene fra filmen af samme navn, som foregår i det udbombede Wien i tiden efter Anden Verdenskrig. I naboparken Girardipark finder man mindesmærket for skuespilleren Alexander Girardi, der blev skabt af Otto Hofner i 1929.

ESTERHÁZYPARK
Fritz-Grünbaum-Platz • 1060 Wien

Esterházypark er en historisk park i 6. Bezirk, Mariahilf. Parken er opkaldt efter den ungarske aristokratfamilie Esterházy, der mellem 1814 og 1868 ejede Palais Kaunitz. Parken blev anlagt i det 18. århundrede med en kastanjeallé. I 1944, under Anden Verdenskrig, blev der opført et flaktårn i parken, som stadig præger parken i dag. I parken er der også en beskyttelsesbunker, også fra Anden Verdenskrig, hvor 300 personer kunne søge tilflugt under luftalarmer. Flaktårnet i parken er af *type 1*, det er 31 x 15 meter i grundareal og cirka 47 meter højt. Murene er cirka 3,5 meter tykke. Tårnet rummer udover en kælder, stueetage samt yderligere ti etager. Bunkeren anvendes som torturmuseum, *Foltermuseum*, mens flaktårnet huser *Haus des Meeres*. På muren langs Gumpendorfer Straße kan man ved indgangen til parken se fire fredede stenfigurer, der i 1886 blev flyttet fra det tidligere Lazansky Haus i 1. Bezirk til denne placering. Parken er omgivet af gaderne Schadekgasse, Kaunitzgasse, Gumpendorfer Straße, Blümelgasse, Amerlingstraße samt Chwallagasse. Området med bunkeren og flaktårne kaldes også for Fritz-Grünbaum-Platz, opkaldt efter kunstneren Fritz Grünbaum. Esterházypark er cirka 10.400 m² stor og er dermed den største park i Mariahilf.

EVA-UND-OTTO-BENESCH-PARK
Sickingengasse • 1100 Wien

Eva-und-Otto-Benesch-Park, der oprindeligt hed Otto-Benesch-Park indtil 2020, er en cirka 16.000 m² stor park i bydelen Inzerdorf-Stadt i

36

10. Bezirk, Favoriten. Parken er anlagt i den nordlige ende af det rekreative område Wienerberg samt øst for den nye bydel, som de seneste år er opstået på den tidligere Coca-Cola grund. I februar 1981 besluttede bystyret i Wien, at der skulle navngives en park efter kunsthistoriker og direktør for museet Albertina, Otto Benesch (1896-1964), som mistede sit job efter tyskernes annektering af Østrig i 1938, da hans hustru, Eva, havde jødiske rødder. Derfor emigrerede han i første omgang til Frankrig, men flyttede videre til England i 1939, inden han rejste til USA i 1940, hvor han boede indtil 1947. I USA arbejdede han blandt andet på Harvard's Fogg Museum, på Princeton University samt i New York. Efter sin hjemkomst til Wien i 1947 blev han direktør for kunstmuseet Albertina, og i 1948 blev han professor i kunsthistorie. I 2021 blev parken også navngivet til ære for hans hustru, Eva, som der desværre ikke findes informationer om.

FLORIDSDORFER WASSERPARK
Am Nordbahndamm • 1210 Wien

Floridsdorfer Wasserpark er en del af området ved Alten Donau i 21. Bezirk, Floridsdorf, i nærheden af banegården Wien-Floridsdorf, som man kan komme til med sporvognslinien 31. Området opstod efter den første regulering af Donau i 1870-1875, og området, hvor parken ligger, kaldes derfor Alten Donau, den gamle Donau. Parken, som er 143.000 m²

blev anlagt i 1928-1929, cirka en tredjedel af parken er vand. Parken blev tegnet af Wiens stadsgartner og arkitekt Friedrich Kratochwjle. For at gøre vandparken mere attraktiv blev flere steder gravet dybere, således, at jorden kunne benyttes til at anlægge andre dele af parken. På den måde opstod der to damme, som er forbundet med kanaler samt en større ø. Der blev anlagt stier og bygget mindre broer, så gæsterne kan gå tørskoet gennem parken. Floridsdorfer Wasserpark er i dag en vigtig del af det rekreative område langs Donauinsel, den nye Donau og den gamle Donau. Området er desuden et fuglebeskyttelsesområde, hvor mange fugle overvintrer.

FORSTHAUSPARK
Leystraße 24 • 1200 Wien

Forsthauspark er en cirka 13.300 m² stor park i den nordlige del af 20. Bezirk, Brigittenau. Parken er beliggende mellem Forsthausgasse og Lorenz-Böhler-Gasse. Parken er opkaldt efter skovridderhuset i Brigitta Au, som desuden har lagt navn til den senere 20. Bezirk, Brigittenau. I parken finder man Brigittakapelle, som blev opført i 1651. Området var tidligere et ubeboet engområde og jagtrevir. I parken er der en volleyballbane, en basketballbane samt et skateområde.

FORTUNAPARK
Hardtmuthgasse 107 • 1100 Wien

I 1870erne-1880erne lå der i området et yndet udflugtssted, kroen *Zur Fortuna,* som i 1976 kom til at lægge navn til parken, som vi i dag kender som Fortunapark. Området mellem Malborghetgasse og Hardtmuthgasse dannede i en del år hjemmebane for fodboldholdet *SC Südstern,* og fra 1919 var det hjemmebane for holdet *FC Nicholson.* I dag er store dele af området legepladser, men der er også et hundeområde.

FRANZISKA-LÖW-PARK
Nordbahnstraße 5 • 1020 Wien

Franziska-Löw-Park er beliggende mellem Nordbahnstraße og Am Tabor i 2. Bezirk, Leopoldstadt. Parken er opkaldt efter Franziska Danneberg-Löw (1916-1996), som var jøde, velfærdsmedarbejder for det jødiske samfund i Wien samt modstandskvinde. Under det nazistiske regime var hun med til at redde adskillige jødiske børn fra deportation. Men hun hjalp også en lang række jøder, som var gået under jorden, blandt andet med fødevarer samt overnatningsmuligheder.

FRIDTJOF-NANSEN-PARK
Rudolf-Zeller-Gasse 48A • 1230 Wien

Fridtjof-Nansen-Park, som af de lokale også kaldes for Rodelberg, er en cirka 56.550 m² stor park i 23. Bezirk, Liesing. Parken er beliggende mellem Rudolf-Zeller-Gasse, Amstergasse, Mehlführergasse og Lodrongasse. Parken indbyder til leg og aktivitet, da der er legepladser, boldpladser, klatremuligheder, udendørs fitness, skaterpark, bordtennis og hundezoner. Om vinteren, når der er sne, benyttes parkens bakke til at kælke på. Derudover anvendes parken også som filmkulisse. Parken er beliggende i et område, hvor der tidligere var et stenbrud, som var i brug frem til 1956, hvor der blev udvundet den såkaldte Atzgersdorfer sandsten, senere blev området benyttet som affaldsdepot. Men i 1960erne blev der bygget mere om mere i området, og affaldsdepotet blev lukket i 1963, i stedet blev der anlagt en park. I 1998-2000 blev der bygget anlæg til opsamling af sivevand samt til opsamling af gasser for at beskytte grundvandet og de omkringliggende beboelsesejendomme.

Parken er opkaldt efter den norske zoolog, professor, polarforsker, diplomat og modtager af Nobels Fredspris Fridtjof Wedel-Jarlsberg Nansen (1861-1930). Fridtjof Nansen ledede i 1888 den første ekspedition som krydsede Indlandsisen på Grønland. I 1893 stod han i spidsen for en tre år lang ekspedition til Nordpolen med skibet Fram, og nåede sammen med Hjalmar Johansen punktet 86° 14 N, som på dette tidspunkt var det nordligste punkt et menneske nogensinde havde været. På ekspeditionen var Fridtjof Nansen den første som beskrev fænomenet dødvand, som er et område, hvor vand med forskellig saltindhold mødes, der gør det besværligt for et skib at manøvrere i. Fridtjof Nansen var som diplomat blandt andet norsk ambassadør i London fra 1906-1908 og fra 1922-1927 var han højkommissær for flygtninge i Folkeforbundet, som var forløberen for FN. Det var i rollen som højkommissær, at han udstedte de såkaldte Nansen-Pas, som førte til, at han modtog Nobels Fredspris i 1922. Efter hans død, i 1930, oprettede Folkeforbundet kontoret *Office international Nansen pour les réfugiés*, eller *Det Internationale Nansenkontor for krigsflygtninge*, som også blev kendt for *Nansenhjælpen*. Nansenkontoret modtog Nobels Fredspris i 1938.

FRIEDRICH-GULDA-PARK
Ida-Pfeiffer-Weg • 1030 Wien

Friedrich-Gulda-Park er beliggende i 3. Bezirk, og er opkaldt efter pianist og komponist Friedrich Gulda (1930-2000), som var uddannet i Wien, hvor han i øvrigt holdt sin debutkoncert i 1944. I 1962 skiftede han fra klassisk musik til jazzmusik, efter at have interesseret sig for musikken siden 1950erne. Han dyrkede jazzmusikken både som solist og som orkesterleder, blandt andet i bigbandet *Eurojazz Orchestra*, som han selv grundlagde. Parken blev navngivet den 7. oktober 2008, og offentligt indviet den 8. september

Friedrich-Engels-Platz

2011. Den offentlige park er beliggende i et boligområde og er kendt for det 50 meter lange klavertastatur, som er skabt af betonelementer. Man finder nemmest parken ved at gå ned af Sechskrügelgasse og ind via Ida-Pfeiffer-Weg.

FURTWÄNGLERPARK
Fehlingergasse • 1130 Wien

Furtwänglerpark i 13. Bezirk, Hietzing, er opkaldt efter dirigent Wilhelm Furtwängler, som var koncertdirektør for *Gesellschaft der Musikfreunde*, chefdirigent for orkestret Wiener Philharmonikerne samt kapelmester på Staatsoper. Desuden optrådte han som dirigent ved talrige andre koncerter og opførelser i forbindelse med Salzburger Festspillene. Efter tyskernes annektering i 1938 blev Wilhelm Furtwängler musikrepræsentant i Wien, og under Anden Verdenskrig var han også leder af Wiener Philharmonikerne. I 1952 blev han kunstnerisk leder af Salzburger Festspillene. Parken er cirka 6.190 m² stor, og blev i 2002 ombygget, så der er masser af legeområder med legeredskaber, gynger, klatremuligheder og muligheder for at spille bold, herunder basketball eller bordtennis.

GABRIELE-POSSANNER-PARK
Zimmermannplatz • 1090 Wien

Gabriele-Possanner-Park i 9. Bezirk, Alsergrund, er opkaldt efter Gabriele Possanner (1860-1940), som længe kæmpede for at blive den første kvinde, der fik lov til at tage en doktorgrad på et østrigsk universitet, det skete endeligt i 1897. Senere samme år åbnede hun sin praksis som praktiserende læge i 9. Bezirk, Alsergrund. I 1902 blev hun desuden læge på Kronprinzessin Stephanie-Spital i Ottakring, i øvrigt som den første kvindelige læge på et kejserligt hospital.

Grete-Jost-Park
Rasumofskygasse 27 • 1030 Wien

Grete-Jost-Park er et parkanlæg i 3. Bezirk, Landstraße, som er beliggende mellem Erdbergstraße og Rasumofskygasse, nærmere præcis bag Postcentralen Post am Rochus, som drives af det østrigske postvæsen. Parken, som er 1.500 m², blev anlagt i 1990erne af havearkitekt Cordula Loidl-Reisch. Parken er opkaldt efter den østrigske modstandskvinde Grete Jost (1916-1943), som boede i 3. Bezirk, indtil hun blev henrettet i Wien i 1943. Da man i 2015 rev dele af postbygningen ned, for at bygge nyt, blev der fundet genstande fra den keltiske tid samt fra romertiden. Det skulle være de ældste romerske fund i Wien, som man indtil nu har fundet.

Hamerlingpark
Hamerlingplatz • 1080 Wien

Hamerlingpark er beliggende på grunden, hvor Josefstädter Kasernen lå frem til 1903, hvorefter den blev revet ned. Parken er cirka 6.000 m² stor, den næststørste park i 8. Bezirk, kun overgået af Schönbornpark, en anden park i bydelen. Parken er beliggende ved Hamerlingplatz mellem Skodagasse og Kupkagasse. I parken, der er opkaldt efter den østrigske forfatter Robert Hamerling (1830-1889), finder man legepladser, bænke samt et særligt indrettet område til hunde.

Hannah-Arendt-Park
Hannah-Arendt-Platz • 1220 Wien

Hannah-Arendt-Park er en cirka 15.000 m² stor park i bydelen Aspern, som er en del af 22. Bezirk Donaustadt. I februar 2012 blev det besluttet, at der skulle anlægges en park ved Hannah-Arendt-Platz, og netop Hannah Arendt kom også til at ligge navn til Hannah-Arendt-Park. Anlægsarbejdet gik i gang i maj 2014, og i maj 2015 kunne man indvie parken. Hannah Arendt, oprindeligt Johanna Arendt (1906-1975) var tysk filosof, teolog og publicist med jødiske rødder. Hun forlod Tyskland i 1933, da hun blev statsløs jødisk flygtning, og flygtede til Paris, hvor hun blev integreret i en opsamlingslejr i det sydlige Frankrig. 1941 rejste hun videre til USA efter den amerikanske konsul i Marseille, Vivian Fry, hjalp hende og hendes mand Heinrich Blücher. I 1950 blev hun amerikansk statsborger. Hannah Arendt dækkede i 1960 retssagen mod Adolf Eichmann i Jerusalem for avisen *The New Yorker*. Adolf Eichmann havde været hovedansvarlig for jødedeportationerne og fra 1941 også jødeudryddelserne. Hun udtalte således *jeg må se den mand, der næsten nåede at tage mig!* Med dette mente hun, at Adolf Eichmann også havde været manden, der stod bag rydningen af opsamlingslejren i det sydlige Frankrig, hvor Hannah Arendt og hendes mor havde siddet integreret. De havde været heldige, og nåede at flygte inden Eichmann og tyskerne tømte lejren. De, der ikke nåede at flygte fra opsamlingslejren, blev alle deporteret til Auschwitz. Hendes artikler fra retssagen blev samlet i bogen *Eichmann in Jerusalem - On the Banality of Evil,* en bog der blev mødt af stor modstand og anset for at være kontroversiel på grund af flere årsager, herunder Hannah Arendts synspunkt om, at de jødiske ledere og råd i flere europæiske lande havde samarbejdet med nazister, som Adolf Eichmann, og stort set havde set frem til deres egen død.

Hans-Dunkl-Park
Vösendorfer Straße 3 • 1230 Wien

Hans-Dunkl-Park er en cirka 8.000 m² stor park i området mellem Draschestraße, Vösendorfer Straße, Kolbegasse og Buttnergasse i 23. Bezirk, Liesing. Parken er opkaldt efter politikeren Johann Dunkl Junior (1917-1991), som havde været stedfortrædende bydelsformand i Liesing.

Hans-Paulas-Park
Kaiser-Ebersdorfer-Straße 291
1190 Wien

Hans-Paulas-Park er en cirka 10.200 m² stor park i bydelen Kaiserebersdorf i 11. Bezirk, Simmering. Parken er beliggende ved Schloß Kaiserebersdorf ved Kaiser-Ebersdorfer-Straße og Zinnergasse. Slottet huser i dag Justitsanstalten Wien-Simmering. Parken er opkaldt efter Hans Paulas (1913-1988), som var bydelsrådmand i Simmering fra 1950 til 1968, byrådsmedlem i 1968-1973 samt bydelsborgmester i Simmering fra 1973 til 1980.

Harry-Glück-Park
Anton-Baumgartner-Straße 44
1230 Wien

Harry-Glück-Park er en 123.000 m² stor park, der er beliggende i nærheden af beboelseskomplekset Alt Erlaa i 23. Bezirk, Liesing. Parken blev i februar 2015 opkaldt efter arkitekt Harry Glück i anledningen af hans 90 års fødselsdag. Harry Glück var arkitekten bag boligkomplekset Alt Erlaa.

Haydnpark
Flurschützstraße 1 B • 1030 Wien

Haydnpark er en 26.500 m² stor park ved Gaudenzdorfer Gürtel i 12. Bezirk, Meidling, på grænsen til 5. Bezirk, Margareten. Parken blev anlagt i 1926 på den lukkede kirkegård, Hundsturmer Friedhof. Kirkegården blev anlagt i 1783 efter kejser Joseph den Anden forbød kirkegårde indenfor bymuren. I stedet blev der oprettet såkaldte kommunale kirkegårde, herunder Hundsturmer Friedhof, Sankt Marxer Friedhof, Währin-

41

ger Friedhof, Schmelzer Friedhof og Matzleinsdorfer Friedhof. Hundsturmer Friedhof var den mindste af de fem kommunale kirkegårde. Kirkegården var skueplads for kampene under Oktoberrevolutionen i 1848. Kirkegården var sidste hvilested for en lang række prominente borgere i Wien, en af disse var komponisten Joseph Haydn, som parken også er opkaldt efter. Joseph Haydn døde den 31. maj 1809 og dagen efter blev komponisten stedt til hvile her. Begravelsen skete dog i en lille sluttet kreds, og ikke en statsbegravelse, dette skyldes, at Wien på dette tidspunkt var besat af de franske tropper under Napoleon Bonapartes ledelse. I 1820 blev Joseph Haydns kiste gravet op og flyttet til Eisenstadt, hvor han blev genbegravet... eller det vil sige næsten... for der havde været gravrøvere på spil, som havde stjålet komponistens kranie. Andre prominente som blev begravet på Hundsturmer Friedhof var Wiens første politipræsident Anton Ritter von Le Monnier (død i 1873), maleren Jakob Gauermann (død i 1843), maleren Josef Danhauser (død i 1845) samt tæppefabrikant Philipp Haas (død i 1870), de er senere blevet genbegravet i æresgrave på Wiener Zentralfriedhof.

Det var netop åbningen af Wiener Zentralfriedhof i 1874, der førte til lukningen af de fem kommunale kirkegårde. Hundsturmer Friedhof lukkede i 1874, og i årene der fulgte blev Linienwall revet ned og anlæggelsen af ringvejen, Gürtel, blev

gennemført. Kirkegården lå oprindeligt i 5. Bezirk, Margareten, men i 1907 blev det besluttet at ændre bydelsgrænsen, og den tidligere kirkegård kom nu til at høre under 12. Bezirk, Meidling, og man besluttede at skabe en park på den tidligere kirkegård. Joseph Haydn (1732-1809) anses for at være fader til den klassiske symfoni og strygekvartetterne, men han komponerede også klaversonater og klavertrios. Joseph Haydn købte i 1793 et hus med have i Oberen Windmühle, nærmere præcis in Unteren Steingasse 73. I 1797 fik han huset bygget om. I huset komponerede han to oratorier *Die Schöpfung* og *Die Jahreszeiten* samt seks messer til adelsfamilien Esterházy. Joseph Haydn komponerede i 1797 melodien til Kejserhymnen *Gott erhalte Franz, den Kaiser*, den østrigske kejsers hymne, som senere blev til *Deutschlandlied*, som i dag er den tyske nationalhymne.

HEDWIG-UND-JOHANN-SCHNEIDER-PARK
Uhlirzgasse • 1220 Wien

Hedwig-und-Johann-Schneider-Park er beliggende mellem Kürschnergasse, Bubergasse, Uhlirzgasse og Wassermanngasse i 22. Bezirk, Donaustadt. Parken er opkaldt efter Hedwig Schneider (1910-1942) samt hendes mand Johann Schneider (1909-1942), som begge var modstandskæmpere under det nazistiske regime. Johann Schneider deltog i oprøret ved Schlingerhof i februar 1934, og kom i kontakt med det illegale kommunistiske parti, KPÖ i 1939. Ægteparret skjulte en lille trykkemaskine i deres hjem, men maskinen var defekt og kunne derfor ikke trykke illegale flyveblade. Andre kilder siger, at maskinen fungerede... måske lykkedes det at få den repareret, så den kunne trykke illegale tryksager. Ægteparret blev en del af den illegale kommunistiske modstandsgruppe. De blev tilbageholdt, fængslet og anklaget for forberedelser til højforræderi i december 1941. I december 1942 blev de begge henrettet ved halshugning.

HEDY-WUNSCH-PARK
Rößlergasse • 1230 Wien

Hedy-Wunsch-Park er en cirka 9.000 m² stor park i 23. Bezirk, Liesing. Parken er beliggende mellem Erilaweg, Rößlergasse, folkeskolen Erlaaer Schleife og den navneløse sti bag skolen. Navngivningen af parken blev besluttet i maj 2018, hvor valget faldt på den østrigske bordtennismester Hedwig Stephanie Wunsch, også kaldet Hedy Wunsch (1934-2016), som havde boet i boligkomplekset i Putzendoplergasse, som grænser op til parken.

HEILIGENSTÄDTER PARK
Grinzinger Straße • 1190 Wien

Heiligenstädter Park er en godt 9 hektar stor bypark i bydelen Heiligenstadt i 19. Bezirk, Döbling. Parken blev anlagt i borgmester Karl Luegers embedsperiode i begyn-

delsen af 1900-tallet. Men allerede i 1781 havde man fundet en mineralholdig kilde i området ved den nuværende park, som førte til anlæggelsen af en kurpark og et kurbad, Heiligenstädter Bad, øst for sognekirken St. Michael i Heiligenstadt. I 1845 blev kurbadet overtaget af Josef og Leopoldine Kugler, som ændrede navnet på kurbad og kurpark til *Kuglerbad* og *Kuglerpark*. Folk strømmede til indefra Wien, for at lære at svømme og ikke mindst bade i kurbadet. Josef og Leopoldine Kugler var også forretningsfolk, så de opførte en restaurant samt værelser, som folk kunne leje. Desuden blev der opført en teaterarena. I 1860 blev der sat spørgsmålstegn med, hvor vandet i kurbadet egentligt kom fra, mange mente, at vandet kom fra Nestelbach, som strømmede gennem parken. Men Josef og Leopoldine Kugler forsøgte at berolige folk med, at vandet fra bækken blev sendt gennem filtre inden det blev pumpet ind i badebassinerne. Men da man i årene 1870-1875 regulerede Donau skete der en ændring i grundvandsspejlet og vandet fra den mineralholdige kilde blev mindre. Det førte til at folk ikke længere kom ud til Heiligenstadt og *Kugler's Bad og Kurpark*. Park og kurbad skiftede ejerskab flere gange, inden kurbadet lukkede i 1896, og kurparken blev købt af Wiens kommune i år 1900. Efter Wiens kommune havde købt parken valgte de at anlægge en park, som indtil 1905 hed *Kuglerpark*. Fra 1936 til 1949 var parkens navn *Kuhnpark*, opkaldt efter Wenzel

Kuhn (1854-1933), og efter 1949 blev navnet til Heiligenstädter Park.

I 1977 blev den sydlige del af Rothschild-Gärten en del af Heiligenstädter Park. Rothschild-Gärten opstod efter baron Nathaniel Mayer von Rothschild havde købt store dele af Hohe Warte i 1882, for at oprette en botanisk have der. Indtægterne fra entrébilletterne til den botaniske have blev doneret til Wiens frivillige redningstjeneste. Den botaniske have indeholdte en japansk have, flere drivhuse, et portnerhus samt en villa. Rothschild-Gärten blev i 1938 ariseret og villa og den botaniske have blev ødelagt, kun portnerhuset blev forskånet for ødelæggelser. Efter Anden Verdenskrigs afslutning fik familien Rothschild erstatning for den ødelagte villa og den botaniske have. I 1950 gav familien portnerhuset til Wiens kommune, og huset blev fredet. I 1982 flyttede spejdertroppen 83 Baden-Powell ind i det tidligere portnerhus. Heiligenstädter Park blev i 1999 udnævnt til et beskyttelsesværdig geotop.

HEINZ-HEGER-PARK
Zimmermannplatz • 1090 Wien

Heinz-Heger-Park er en park, som er beliggende i den sydlige ende af Zimmermannplatz i 9. Bezirk, Alsergrund. Parken er opkaldt efter forfatter og KZ-overlevende Heinz Heger, oprindeligt Josef Kohout (1915-1994). Hans bog Die Männer mit das rosa Winkel, var Josef Kohouts personlige historie om at være homoseksuel, forfulgt af nazisterne, fange i en KZ-lejr og overleve. Heinz Heger var et pseudonym for Josef Kohout. Heinz Heger boede på adressen Zimmermannplatz 1.

HELMUT-ZILK-PARK
Hlawkagasse 2 • 1100 Wien

Helmut-Zilk-Park er en cirka 70.000 m² stor park i Sonnwend-kvarteret i 10. Bezirk, Favoriten. Parken er beliggende på den tidligere fragt- og godsbanegård. Der er plantet cirka 520 træer, der er legepladser til forskellige aldersgrupper, der er en hundezone, café med toiletter og meget mere. Spadestikket til parken blev taget i maj 2014 og første etape var klar i juli 2016. Den anden etape blev indviet i juni 2017 på dagen, hvor Helmut Zilk kunne være fyldt 90 år. Anlæggelsen af hele parken kostede cirka 5 millioner Euro, cirka 37,5 millioner danske kroner. Parken blev indviet af Dagmar Koller, som var enke efter Helmut Zilk, navngiver til parken. Helmut Zilk (1927-2008) var journalist og socialdemokratisk politiker. Fra 1983 til 1984 var han undervisningsminister i Østrig, og fra 1984 til 1994 var han borgmester i Wien.

HERBERT-MAYR-PARK
Lehmanngasse • 1230 Wien

Herbert-Mayr-Park er en cirka 14.000 m² stor park i 23. Bezirk, Liesing. Parken er beliggende mellem vandløbet Liesing, Fabergasse, Haeckelstraße og Unterer Aquäduktgasse. Der er flere legepladser i parken samt fodboldbane, skaterpark, sandkasse, indhegnet hundezone og meget mere. Parken er opkaldt efter Herbert Mayr (1909-1984), som var politiker for socialdemokratiet og medlem af Landdagen.

HERDERPARK
Herderplatz • 1110 Wien

Herderpark er en cirka 42.600 m² stor park mellem Herderplatz, Zehetbauergasser og Am Kanal i 11. Bezirk, Simmering. En del af den nuværende park var oprindeligt en forhave til en folkeskole, som blev opført i 1910-1911 ved Herderplatz. Under Første Verdenskrig og et stykke ind i 1920erne blev den nuværende park benyttet til kolonihaver, hvor de lokale kunne dyrke deres egne grøntsager. I årene 1923-1926 blev der i området opført flere kommunale boligkomplekser, herunder Josef-Scheu-Hof og Dr.-Franz-Klein-Hof. I slutningen af 1920erne blev det besluttet at anlægge en park med et friluftsbad, bag planerne var havearkitekt Friedrich Kratochwjle. Parken blev indviet i maj 1930, dog blev friluftsbadet allerede indviet i juli 1929. Efter Anden Verdenskrigs afslutning blev parken udvidet. I 2006 var det tid til at redesigne parken, bag planerne var landskabsarkitekt Ferenc Bodi. Det førte til, at parken i dag har et friluftsbad, sportspladser, hundezone, særlige ungdomsråder samt områder til seniorerne, som blot ønsker at sidde i skyggen og se folk gå forbi. Parken er opkaldt efter

den tyske digter, oversætter, teolog og filosof Johann Gottfried Herder (1744-1803), som var en af repræsentanterne i Weimarklassicismen, hvor han sammen med Christoph Martin Wieland, Johann Wolfgang von Goethe og Friedrich Schiller var blandt de mest indflydelsesrige forfattere og tænkere i oplysningstiden, som også blev kaldt for en af Weimars klassiske fire stjerner.

HERMANN-GMEINER-PARK
Börseplatz • 1010 Wien

Hermann-Gmeiner-Park er beliggende ved Börseplatz i 1. Bezirk, Innere Stadt, og er opkaldt efter Hermann Gmeiner (1919-1986), som var grundlæggeren af SOS-Børnebyerne, som er med til at give børnehjemsbørn og socialt skadede børn og unge et nyt hjem, en ny chance i livet. Ideen har siden hen bredt sig til hele verden.

HUBERT-BLAMAUER-PARK
Franz-Mika-Weg • 1100 Wien

Hubert-Blamauer-Park er en cirka 7.000 m² stor park i Oberlaa i 10. Bezirk, Favoriten. Parken rummer legepladser, boldpladser samt muligheder for at sidde. Parken blev efter den var redesignet i 2005 opkaldt efter lærer og bydelspolitiker Hubert Blamauer (1950-2002).

HÜGELPARK
Stoesslgasse • 1130 Wien

Hügelpark er en park i bydelen Unter-St.-Veit, som er en del af 13. Bezirk Hietzing. Parken er beliggende syd for Hietzinger Hauptstraße mellem Kupelwiesergasse, Fichtnergasse, Larochegasse og Stoesslgasse. Parken er opkaldt efter naturforsker Carl von Hügel (1795-1870). Den nuværende park er anlagt på stedet, hvor der i 1824 lå den såkaldte Hügelgarten, som tilhørte Carl von Hügels villa, Hügel-Villa. Unter-St.-Viet blev, som mange andre forstæder, indlemmet i byen Wien i 1892 og en del af den nuværende 13. Bezirk.

Det område af Hügelgarten, som lå syd for Hietzinger Hauptstraße, blev i 1894 opdelt i mindre grunde af ejendomsmægler Julius Frankl, til trods for, at der lå planer fra havearkitekt Gustav Swenson om, at der skulle anlægges en park i midten af et villakvarter. Julius Frankl gav Hügelpark til Wien kommune, som forbedrede infrastrukturen og omdøbte haven til Hügelpark i 1903. Den cirka 8.200 m² store park har en legeplads og midt i parken finder man en børnehave, Andersen-Kindergarten, en kommunal børnehave, som blev indviet den 2. marts 1955 i anledningen af den danske eventyrdigter Hans Christian Andersens 150 års fødselsdag. Foran børnehaven finder man skulpturen Den Grimme Ælling, som blev skabt af Margarete Bistron-Lausch i 1955. Overfor parken, på adressen Kupelwiesergasse 28, finder man villaen Haus Strasser, som blev tegnet af arkitekt Adolf Loos i 1918-1919.

IDA-BOHATTA-PARK
Kolonitzplatz • 1030 Wien

Ida-Bohatta-Park er beliggende ved Kolonitzplatz i 3. Bezirk, Landstraße. Parken er opkaldt efter Ida Bohatta (1900-1992), som var børnebogsforfatter og illustrator. Ida Bohatta gik allerede som barn på Wiens Kunsthåndværkerskole og som 12 årig deltog hun i Franz Cizeks Mesterklasse. I 1919 udkom hendes første illustrerede eventyrbog på forlaget *Verlag O. Haase*. I årene der fulgte udkom hendes bøger på forlaget *Jugend & Volk*, inden hun i 1927 skiftede til forlægger Josef Müller i München. Udover at skrive egne bøger, var hun desuden illustrator for andre forfattere, som eksempelvis Anneliese Umlauf-Lamatsch og Margarete Seemann. Ida Bohatta nåede at skrive 70 bøger, som solgte mere end 5 millioner eksemplarer og blev oversat til 13 sprog.

JAZZPARK ESSLING
Eßlinger Hauptstraße 96 • 1220 Wien

Jazzpark Essling er en park i bydelen Essling i 22. Bezirk, Donaustadt. Den cirka 3.470 m² store park er beliggende mellem Esslinger Haupt-

Donaupark

46

straße, Colerusgasse og Grosserweg, nærmere præcis i det område, som kaldes for Esslings historiske bykerne og opkaldt efter kvarteret som kaldes Jazz-Viertel, Jazzkvarteret. Den nordlige del af den nuværende park eksisterede allerede i 1950erne, hvor man i 1957 afslørede et mindesmærke for de borgere fra Essling, der faldt under de to verdenskrige. I slutningen af 1990erne blev der opkaldt en gade efter jazzmusiker Fatty George, som voksede op i Essling, desuden blev der anlagt en park til minde om jazzpianisten Bill Grah. Det var gaden og parken, som blev grundstenen til Jazzkvarteret, Jazz-Viertel. I slutningen af 2003 begyndte man at opføre et eventsted, Kulturstadl, i den nuværende Jazzpark, der blev indviet i september 2005, som drives af foreningen Kulturfleckerl Essling. En god måneds tid efter indvielsen af Kulturstadl kunne man indvie et jazzmuseum, Fatty George JazzMus, samt en udstillingspavillon ved siden af eventstedet. Parken havde ingen navn, så byrådet besluttede i oktober 2007, at parken skulle kaldes for Jazzpark Essling. I den sydlige ende af parken blev der i 2012 indviet en aktivpark for alle generationer.

JOHANN-BENDA-PARK
Baron-Karl-Gasse 7 • 1100 Wien

Johann-Benda-Park er en cirka 52.000 m² stor park på den tidligere teglværksgrund i Inzersdorf-Stadt i 10. Bezirk, Favoriten. Teglværksgrunden, som tidligere var ejet af teglfa-

brikanten Wienerberg, er beliggende mellem motorvej A23, Pfarrgasse, Baron-Karl-Gasse og Neilreichgasse. Parken har græsarealer, træer, legepladser, boldbaner, sandkasse, hundezone samt en dam, som hedder Bendateich. Parken er opkaldt efter bydelsrådsmedlem og bagermester Johann Benda (1858-1911).

JOSEF-SCHOISWOHL-PARK
Anton-Krieger-Gasse 118 • 1230 Wien

Josef-Schoiswohl-Park er en cirka 850 m² stor Beserlpark, *(se ordforklaring på side 19 i denne bog)*, i 23. Bezirk, Liesing. Parken er beliggende i krydset mellem Anton-Krieger-Gasse og Silvester-Früchtl-Gasse. Parken benyttes med jævne mellemrum til filmoptagelser. Parken er opkaldt efter Josef Schoiswohl (1901-1990), som havde været præst i kirken St. Erhard i Mauer fra 1942 til 1949 samt biskop i Graz-Seckau. Parken hed tidligere Dr.-Karl-Lueger-Park, men efter det kom frem, at Wiens tidligere borgmester Dr. Karl Lueger havde en antisemitisk indstilling, valgte man at ændre navnet, ikke kun på parken, men også gadenavne som var opkaldt efter ham. Et af Karl Luegers mottoer var *Groß-Wien darf nicht Groß-Jerusalem werden*, oversat betyder det kort *Stor-Wien må ikke blive til Stor-Jerusalem*.

JOSEF-STRAUSS-PARK
Bernardgasse 34 • 1070 Wien

Josef-Strauß-Park er den anden største park i 7. Bezirk, Neubau. Parken som er beliggende i Bernardgasse er cirka 7.900 m² stor. Parken blev redesignet i 2018, hvor der kom nye bænke, multifunktionelle siddemøbler, outdoor-fitness, legeplads, toiletfaciliteter med videre. Det er ikke tilladt at have hunde med i parken. Desuden er der anlagt en lille have med ti højbede. Parken er opkaldt efter komponist og kapelmester Josef Strauss (1827-1870), som var søn af komponist Johann Strauss Vater og bror til Johann Strauss Sohn. Josef Strauss komponerede cirka 300 stykker musik samt arrangerede cirka 500 værker, der var komponeret af andre komponister.

KATHARINA-SCHRATT-PARK
Gloriettegasse • 1130 Wien

I 13. Bezirk, Hietzing, finder man Katharina-Schratt-Park. Parken er opkaldt efter skuespiller Katharina Schratt (1853-1940). Hun var allerede som barn interesseret i teatret og fik roller som statist på Badner Theater i Baden bei Wien, hvor hun blev født og voksede op. I 1872 blev hun engageret til Hoftheater i Berlin, og i marts 1873 fik hun engagement på Stadttheater i Wien, hvor hun var indtil 1880. Herefter turnerede hun i Europa og Amerika, inden hun i 1883 blev en fast del af ensemblet på Burgtheater, hvor hun i 1887 blev udnævnt til Hofskuespiller. Hun var på Burgtheater indtil år 1900. I midten af 1880erne blev hun oplæser for kejserinde Elisabeth, Sisi, og blev nær ven med kejser Franz Joseph den Første, som dagligt besøgte hende i hendes villa, Schratt-Villa, i Gloriettegasse 9 i Hietzing. Katharina Schratt var Kejser Franz Joseph den Førstes fortrolige, andre vil kalde hende for kejserens elskerinde.

KONGRESSPARK
Liebknechtgasse 22-28 • 1160 Wien

Kongresspark er en cirka 61.000 m² stor offentlig park i 16. Bezirk, Ottakring, på bydelsgrænsen til Hernals. Parken blev anlagt i 1927-1928 på et tidligere affaldsdepot. I den østlige ende af parken finder man friluftsbadet Kongressbad, desuden er der gode muligheder for boldspil samt legemuligheder i parken.

KURPARK OBERLAA
Laaer-Berg-Straße • 1100 Wien

Kurpark Oberlaa er en cirka 608.000 m² stor park ved den sydvestlige del af Laaer Berg i 10. Bezirk, Favoriten. Efter den succesrige internationale haveudstilling, *Wiener Internationale Gartenschau, WIG*, i 1964, som blev afholdt i 22. Bezirk, Donaustadt, ville Wiens byråd gerne gentage succesen med endnu en haveudstilling i Wien. Man fandt frem til den tidligere teglværksgrund ved Laaer Berg, som i stumfilmens levetid havde fungeret som filmkulisse for talrige store stumfilm, og med købet af et område med gartnerier og vinmarker, var området et ideelt sted til afholdelsen af en haveudstilling, som krævede masser af plads. I området var der allerede i 1969 åbnet et kurbad med vand fra svovlkilder.

Kommunen udskrev en international arkitektkonkurrence, som havearkitekt Erich Hanke fra tyske Frankfurt vandt. Herefter dannede Erich Hanke arbejdsgrupper bestående af landskabsarkitekter fra forskellige lande. De bedste designs og projekter fra konkurrencen blev kombineret til anlæggelsen af parken.

I 1974 kunne man klippe snoren til endnu en international haveudstilling, *Wiener Internationale Gartenschau, WIG 1974*. 2,6 millioner gæster besøgte haveudstillingen, som blev ligeså succesrig som *WIG 1964*. Pressen var dog yderst kritiske, og mente ikke, at parken ville overleve særligt længe. I slutningen af 1974, efter haveudstillingen, blev området forvandlet til en offentlig park under navnet Kurpark Oberlaa. Parken har forskellige temaområder, såsom en allergihave, en barok springvandshave, en blomsterlabyrint, en japansk have, en kærlighedshave, der er en staudehave, en skaterpark med boldpladser og legepladser, desuden er der en 2.000 m² stor børnezoo med geder, får, gæs, høns, duer og

Donaupark

meget mere. Desuden findes der en filmby, som i 1920erne blev benyttet til at indspille en række kendte stumfilm, heriblandt *Sodom und Gomorrha* samt *Die Sklavenkönigin,* som blev produceret af Sascha-Filmindustrie, blandt filmene var. Hver sommer kan man se disse to film i kurparkens Open-Air biograf.

LAUBEPARK
Laubeplatz • 1100 Wien

Laubepark er en cirka 7.500 m² stor park ved Laubeplatz i 10. Bezirk, Favoriten. I 2006 blev parken udvidet med mere end 2.000 m², og det kostede cirka 550.000 Euro, eller cirka 4,125 millioner danske kroner. Store dele af parken er asfalteret, men rummer også græsarealer, gamle træer, legepladser, boldbaner, sandkasse, hundezone og meget mere. Parken er opkaldt efter den tyske forfatter, dramatiker, teaterleder og politiker Heinrich Laube (1806-1884). Heinrich Laube var fra 1849 og 17 år frem direktør for Hofburgteatret i Wien. I 1866 sagde han sin stilling op i protest mod den censur han var underlagt. I 1867 rejste han til Leipzig, hvor han blev direktør for Stadttheater. I 1870 vendte Heinrich Laube retur til Wien, hvor han i 1871 fik tilladelse til at oprette et nyt teater, som ifølge hans mening skulle konkurrere mod Burgtheater. Teatret åbnede i 1872, og blev ledet af ham, dog med et enkelt års afbrydelse, indtil 1879, hvor han trak sig tilbage fra rampelyset og helligede sig sin forfattergerning.

49

LOQUAIPARK/
SCHMALZHOFTEMPELPARK
Loquaiplatz 12 • 1060 Wien

I 6. Bezirk, Mariahilf, finder man den lille grønne oase, Loquaipark, på cirka 4.500 m². Eller ja, der lå en park med navnet Loquaipark, for i 2022 redesignede man parken og i den forbindelse skiftede parken navn til Schmalzhoftempelpark. I forbindelse med redesignet af parken, blev den udvidet med cirka 420 m², hvor der blev plads til staudebede og græsarealer. Heldigvis bevarede man parkens værdifulde gamle træer, cirka 100 stykker, men man plantede også seks helt nye træer. Parken er opdelt i forskellige områder. Den mest rolige del af parken er i nærheden af ældreboligerne, hvor der er der talrige bænke, som hovedsageligt benyttes af beboerne i ældreboligerne. Desuden er der et område i nærheden af en skole, som hovedsageligt benyttes af de unge, samt et tredje område, hvor der er indrettet en legeplads til de mindre børn. Det nye navn, Schmalzhoftempelpark, stammer fra den synagoge, Schmalzhoftempel, som lå ved Loquaipark fra 1884 til 1938. Navnet er givet til minde om den tidligere synagoge.

LUMBYEPARK
Sophie-Scholl-Gasse 18 • 1220 Wien

Lumbyepark er cirka 4.500 m² stor park i Sophie-Scholl-Gasse i bydelen Aspern, som er en del af 22. Bezirk, Donaustadt. Parken er anlagt på et område, der tidligere var et sump- og engområde ved den tidligere uregulerede Donau, efter reguleringen af Donau blev området omdannet til landbrugsjord. I årene 2008-2009 blev der opført rækkehuse ved Heustadlgasse, i den forbindelse blev der anlagt en park. Parken blev i starten kaldt for Heustadlpark, men efter en henvendelse fra den østrigske-danske venskabsforening blev det, i maj 2011, besluttede byrådet at opkalde parken efter den danske komponist, kapelmester og dirigent H. C. Lumbye eller Hans Christian Lumbye (1810-1874), som var den danske repræsentant for wienermusikken. Han blev endda kaldt for den danske Johann Strauss. Hans Christian Lumbye var blandt andet tilknyttet Tivoli som dirigent. Han nåede at komponere flere hundrede værker, hans mest kendte værk er nok *Champagnegaloppen* samt *Københavns Jernbanedampgalop*, men han komponerede også musik til Bournonvilles balletter. Derudover er han komponisten bag *Frederik VII's Honnørmarch* og *Christian IX's Honnørmarch*.

LÖWYGRUBE
Klemens-Dorn-Gasse • 1100 Wien

Parkanlage Löwygrube, eller blot Löwygrube, er en cirka 164.000 m² stor park i bydelen Oberlaa i 10. Bezirk, Favoriten. Parkanlægget er beliggende mellem Bitterlichstraße, An der Ostbahn, Donabaumgasse og Löwyweg. Parken er en del af det rekreative område Laaerberg, som også omfatter Kurpark Oberlaa, Volkspark Laaerberg, den Bøhmiske Prater og Laaer Wald. Der er legepladser, offentlige toiletter, boldbaner og meget mere. Löwygrube er opkaldt efter det tidligere privatejede teglværk Löwy, som var ejet af Jacob Löwy (1859-1942). Teglværket gravede ler til teglproduktion samt brændte teglsten her. Dammene Pfeifenteich og Butterteich er resterne af lergravene. Efter Anden Verdenskrigs afslutning, cirka fra begyndelsen af 1950erne til cirka år 1965, blev området benyttet som affaldsdepot. I godt vejr er der blik til Wiener Prater, Marchfeld og til Karpaterne ved grænsen til Slovenien.

MARGARETE-OTTILLINGER-PARK
Rudolf-Zeller-Gasse • 1230 Wien

Margarete-Ottillinger-Park er en cirka 12.100 m² stor park i 23. Bezirk, Liesing. Parken er beliggende i trekanten mellem Rudolf-Waisenhorn-Gasse, Rudolf-Zeller-Gasse og skolen i Anton-Krieger-Gasse. I parken finder man græsarealer, træer, bænke, legepladser og klatretårne. Parken er opkaldt efter erhvervskvinden Margarethe Ottillinger (1919-1992), som i 1948 blev anholdt af sovjetiske soldater i Wien og tilbragte syv år i fængsler i Sovjetunionen. Da hun vendte retur til Wien, blev hun ansat i den statsejede industri og sluttede sin erhvervskarriere som bestyrelsesdirektør for *ÖMV, Österreichische Mineralölverwaltung AG*, som i dag hedder *OMV*, det er en østrigsk olie-, naturgas- og kemikoncern. Margarethe Ottillinger donerede en stor sum penge til byggeriet af Wotruba-kirche.

MARIA-REKKER-PARK
Favoritenstraße 202 • 1100 Wien

Maria-Rekker-Park er en cirka 2.100 m² stor Beserlpark, *(se ordforklaring på side 19 i denne bog)*, i 10. Bezirk, Favoriten. Parken er beliggende mellem Favoritenstraße, Maria-Rekker-Gasse, Weldengasse og Katharinengasse. Parken er opkaldt efter politiker og bydelsborgmester Maria Rekker (1902-1991), som var engageret i social ældreforsorg og blev også kaldt for *Engel der Favoritner Arbeitslosen, de arbejdsløses engel i Favoriten.*

MARTIN-LUTHER-KING-PARK
Kundratstraße • 1100 Wien

Martin-Luther-King-Park er en cirka 14.500 m² stor park i Kundratstraße i nærheden af Kaiser-Franz-Josef-Spital. Parken er opkaldt efter den amerikanske borgerretsforkæmper og præst Martin Luther King (1929-1968), som blev berømt for sine ord *I Have a Dream.*

MÄRZPARK
Roland-Rainer-Platz • 1150 Wien

Märzpark er en cirka 16.000 m² stor park i 15. Bezirk, Rudolfsheim-Fünfhaus. Parken blev anlagt i 1925 på en del af den nedlagte kirkegård,

Schmelzer Friedhof. Da kirkegården blev nedlagt, blev resterne af de døde gravet op og genbegravet på enten Wiener Zentralfriedhof eller på Baumgartner Friedhof. Store dele af den tidligere kirkegård blev bebygget, mens en del blev omdannet til en park. Parken blev indviet i 1928, og opkaldt efter Martsrevolutionen i 1848, da der på kirkegården blev begravet 35 personer, som døde under revolutionen. Disse 35 personer blev i 1888 flyttet til Wiener Zentralfriedhof. Ved siden af parken opførte man i 1958 hallen Wiener Stadthalle, og i 2004 blev der under parken bygget en parkeringskælder, i den forbindelse redesignede man parken med legepladser og boldplads. Midt i parken finder man udluftningskanalen til parkeringskælderen forklædt som en rosenpyramide.

MAURER RATHAUSPARK
Speisinger Straße • 1230 Wien

Maurer Rathauspark er en cirka 14.000 m² stor park i bydelen Mauer i 23. Bezirk, Liesing. Parken er beliggende i nærheden af det tidligere rådhus i Mauer samt kirken Sankt Erhard, omkranset af gaderne Speisinger Straße, Endresstraße, Kanitzgasse og Fischergasse. I parken finder man en dam, legeplads med boldbaner samt et springvand. Rundt om parken finder man fire skoler, nemlig Dr.-Adolf-Lorenz-Schule, en Rudolf-Steiner skole, Karl-Schubert-Schule samt Volkhochschule Mauer. Det nævnte springvand kaldes *Magna-Mater-Brunnen*, som

blev skabt i 1926 af Anton Hanak efter arkitekt Adolf Stöckls tegninger. Springvandet stod oprindeligt i 9. Bezirk, Alsergrund, på hjørnet af Lustkandlgasse og Ayrenhoffgasse, men blev i 1960erne flyttet til dens nuværende placering i denne park. *Magna Mater* betyder *Große Mutter, den store moder.*

MAYER-VON-ROSENAU-PARK
Endresstraße • 1230 Wien

Mayer-von-Rosenau-Park er en cirka 1.700 m² stor Beserlpark, *(se ordforklaring på side 19 i denne bog)*, i Atzgersdorf, som er en del af 23. Bezirk, Liesing. Parken er beliggende i Endresstraße overfor S-togsstationen Atzgersdorf. I maj 1954 besluttede byrådet, at den oprindelige Bahnhofpark skulle omdøbes, og valget endte på Mayer-von-Rosenau-Park, som er opkaldt efter lærer og lokalhistoriker David Silvester Mayer von Rosenau (1851-1943).

MICHAEL-BAUSBACK-PARK
Erlaaer Platz 3 • 1230 Wien

Michael-Bausback-Park er en cirka 4.500 m² stor park i bydelen Erlaa, som er en del af 23. Bezirk, Liesing.

Burggarten

Parken er en del af Erlaaer Platz, og er omhegnet, da den er en såkaldt hundezone. Parken blev i 1995 opkaldt efter Michael Bausback (1756-1831), som var den lokale dommer i Atzgersdorf.

MIEP-GIES-PARK
An den Eisteichen • 1120 Wien

Miep-Gies-Park er en cirka 12.745 m² stor park i 12. Bezirk, Meidling. Parken blev anlagt i 2008 på en tidligere fabriksgrund, hvor kabel- og trådvirksomheden *Meidling Kabel- und Drahtwerke AG* havde ligget, nærmere præcis i nærheden af U-banestationen Tscherttegasse på linie U6. Parken indbyder til både afslapning samt til leg, da der er legepladser samt outdoor-fitness. Parken er opkaldt efter modstandskvinden Miep Gies.

Miep Gies, eller Hermine Santrouschitz (1909-2010), blev født i Meidling i 1909 under fattige kår. Hun kom som 11-årig, i 1920, i pleje hos en hollandsk familie. Meningen var, at hun blot skulle bo hos dem i seks måneder, men hun blev så glad for dem, at hun valgte at blive boende. Hun begyndte i 1933 at arbejde for Otto Frank, en jødisk forretningsmand. Hvis navnet Frank lyder bekendt, så kan jeg oplyse, at Otto Frank var far til Anne Frank, hende med dagbogen. Miep Gies blev nære venner med familien Frank, og da nazisterne rykkede ind i Holland, måtte familien Frank gå under jorden, godt hjulpet af netop denne dame.

Da familien Frank blev arresteret af nazisterne fandt Miep Gies den lille Annes dagbog, og gemte den, håbet om at give dagbogen tilbage til pigen efter krigen. Da Otto Frank var den eneste som overlevede KZ-lejrene, var det ham der fik udleveret datterens dagbog, da han vendte retur til Holland i juni 1945. Man kan derfor takke Miep Gies for, at vi andre efterfølgende fik lov til at læse Anne Franks dagbog, for havde hun ikke passet på den, havde faderen ikke kunne udgive den i 1947. Selv skrev Miep Gies bogen *Anne Frank Remembered: The Story of the woman who helped to hide the Frank Family*.

MODENAPARK
Am Modenapark 13 • 1030 Wien

Modenapark er en cirka 8.000 m² stor park i 3. Bezirk, Landstraße. Parkens historie kan spores tilbage til omkring år 1700, da den blev anlagt som prydhave. Haven var i 1698 ejet af Franz Stockhammer, som var kejserens livlæge. I 1755 blev haven overtaget af baron Dominik von Harrucker (1697-1775), inden haven atter blev overtaget af greveslægten Stockhammer, men kun kortvarigt, da kilder fortæller, at haven, i 1806, var ejet af fyrstinde Eleonore von Liechtenstein (1745-1812), men samme år blev den overtaget af ærkehertug Ferdinand (1754-1806) og hans hustru Beatrix d'Este von Modena (1750-1829). I maj 1806 søgte den kejserlige byggemester Franz Wipplinger (1760-1812) om byggetilladelse til at opføre en villa til ærkehertuginde Beatrix d'Este von Modena. Tilladelsen blev givet, dog er arkitekten ukendt, og der blev opført et havepalæ til ærkehertuginden, som boede her frem til sin død i 1829. Da ærkehertug Franz den Femte von Österreich-Este (1819-1875) vendte retur til Wien efter at have mistet hertugdømmet Modena i 1859, valgte han at få ombygget og udvidet havepalæet til et mere pompøst palads. Paladset fungerede fra 1875 til 1914 som enkesæde for prinsesse Adelgrunde Auguste von Bayern (1823-1914). I 1916 blev Palais Modena revet ned, hvorefter grund samt parkanlæg blev opdelt i mindre grunde. De sidste rester af haven blev i 1926 omdannet til en plads, som indtil byggeriet af det kommunalt ejede boligkompleks Richard-Strauss-Hof i 1953, gik helt til Strohgasse. I midten af parken finder man en skulpturgruppe som Josef Müllner (1879-1968) skabte i 1915. Skulpturen kaldes Knabe mit Panthern, dansk: Dreng med pantere. Skulpturen kaldes også for Scherzogruppe. Skulpturen stod oprindeligt i Arenbergpark, men blev flyttet her til i 1948.

MUNDYPARK
Mundygasse • 1100 Wien

Mundypark er en cirka 2.900 m² stor Beserlpark, *(se ordforklaring på side 19 i denne bog)*, i 10. Bezirk, Favoriten. Parken er beliggende mellem Mundygasse, Steudelgasse, Erlachgasse og Gellertgasse. Der er flere ældre træer, der er legeplads, bold-

baner og bordtennis. Parken samt den nærliggende Mundygasse blev i marts 1932 opkaldt efter baron Jaromir von Mundy (1822-1894), som var grundlæggeren af Wiens frivillige redningskorps.

SCHLOSSPARK NEUGEBÄUDE
Otmar-Brix-Gasse 1 • 1110 Wien

Schloß Neugebäude, der oprindeligt lå i Simmering, blev opført i 1569 på foranledning af kejser Maximilian den Anden. Blandt de mange arkitekter der var på opgaven var Jacopo Strada, som var kejserens bygmester. Slottet blev oprindeligt kaldt for *Neue Gepews*. Historien siger, at slot og parkanlæg blev opført på det sted, hvor Sultan Süleyman havde sin teltlejr under den første tyrkiske belejring i 1529. Efter kejser Maximilians død begyndte slot og slotspark at forfalde. Fra cirka år 1744 til 1918 blev slottet anvendt af militæret. I 1922 blev der opført et krematorium, Feuerhalle Simmering, i en del af parken, der blev desuden anlagt en urnegravplads.

Under Anden Verdenskrig blev slot og slotspark formodentlig anvendt som lager og fabrikshal, blandt andet for Saurer-Werke, som fremstillede køretøjer under krigen. Køretøjer der blev fremstillet af tvangsarbejdere fra blandt andre KZ-lejr Mauthausen. Fabrikken blev ramt af de allieredes bomber, mens slottet slap relativt uden skader. Fabrikkens overlevende tvangsarbejdere blev befriet af de sovjetiske tropper fra den Røde Hær. I 1970erne blev hovedbygningen fredet delvist renoveret omkring år 2000. Værdifulde dele af Schloß Neugebäude blev anvendt til opførelse af Gloriette, som man kan opleve på bakken ovenfor Schloß Schönbrunn.

Neuwaldegger Schlosspark
Waldegghofgasse 5 • 1170 Wien

Schloß Neuwaldegg, som er et slot i barokstil, er beliggende i 17. Bezirk, Hernals. Schloß Neuwaldegg, eller Neuwaldeggerhof, blev opført som en herregård i 1500-tallet, men blev ødelagt under den anden tyrkiske belejring i 1683. Herregården blev genopført mellem 1692 og 1706 af grev Theodor von Strattmann, arkitekten er man ikke helt sikker på, men alt tyder på, at det var Johann Bernhard Fischer von Erlach, der tegnede Schloß Neuwaldegg, men i starten var slottets navn *Gartenpalais Strattmann*, opkaldt efter bygherren. I 1765 blev slottet erhvervet af feltmarskal Franz Moritz Graf von Lacy, som var en god ven af kejser Joseph den Anden. Feltmarskal von Lacy fik anlagt parken i engelsk stil, det var i øvrigt den første park i Østrig, der blev anlagt i engelsk stil, og i 1794 fik han opført et mausoleum, *Moritzruhe*, hvor han selv blev bisat i efter sin død i 1801. Efter feltmarskal von Lacys død overtog familien Schwarzenberg slot og tilhørende park. Familien Schwarzenberg sendte slottets kunstskatte til deres øvrige godser og herregårde i Kru-

mau, som er beliggende i den sydlige del af Bøhmen i Tjekkiet, og den tidligere Neuwaldegger Park fik et nyt navn, Schwarzenbergpark. *Læs eventuelt mere om Schwarzenbergpark på side 71 i denne bog.* Slotsparken omkring slottet blev omkring år 1890 anlagt på ny, nu i stilen nybarok, et udseende som parken har i dag. I 1951 blev slottet overtaget af Wiens ærkebiskop, og mellem 1978 og 1986 blev slottet anvendt som uddannelsesinstitution. I 1985 blev Schwarzenbergpark solgt fra, køberen var bystyret i Wien. I 2002 overtog en privatejet fond slottet, der gjorde det muligt at anvende slot og park til arrangementer, koncerter med videre. Slottet husede fra 2010 til 2016 Franz Schubert Konservatoriet. Det var også i denne periode, at slottet blev anvendt til filmoptagelser, nemlig til tv-filmene *Oma wider Willen* fra 2012 og *Zurück ins Leben* fra 2013. Slottet er privatejet, derfor er der ikke offentlig adgang.

Ostarrichipark
Frankhplatz • 1090 Wien

Ostarrichipark er en cirka 6.000 m² stor park i 9. Bezirk, Alsergrund. Parken er beliggende foran den østrigske Nationalbank, anlagt i 1925 og omlagt i 1979. I anledningen af 1000-året for Østrigs grundlæggelse, i 1996, blev parken navngivet Ostarrichipark. I 2021 blev der i parken afsløret et mindesmærke for de østrigske jødiske børn, kvinder og mænd som blev myrdet under Holocaust.

PaN-Park/PaN Garten
Carlbergergasse • 1230 Wien

PaN-Park, eller PaN Garten, er en cirka 14.000 m² stor park i bydelen Erlaa i 23. Bezirk, Liesing. I parken er der legeplads, boldbaner, skaterpark, outdoor-fitness, hundezone, siddemuligheder og meget mere. Parkens navn, PaN-Park, er opkaldt efter paraplyorganisationen for alle østrigske udenlandske samfund, også kaldt PaN, Partner of all Nations.

Parkanlage Haugerstrasse
Haugerstraße 3 • 1110 Wien

Parkanlage Haugerstraße eller blot Haugerpark er en cirka 3.000 m² stor park i 11. Bezirk, Simmering. Parken blev anlagt i 2003 efter færdiggørelsen af U-banestationen på linien U3. Parken er tegnet af landskabsplanlægger Marija Kirchner og er beliggende mellem S-Banen og Haugerstraße. Der er en del ældre træer og en 42 meter endeløs bænk. Parken benyttes af mange unge som kører på skateboard eller spiller en basketballkamp. Parken har desuden en hundezone.

Parkanlage Wielandplatz
Wielandplatz • 1100 Wien

Parkanlage Wielandplatz, eller Wielandpark, er en cirka 4.500 m² stor Beserlpark, *(se ordforklaring på side 19 i denne bog)*, i 10. Bezirk, Favoriten. Parken er en del af Wielandplatz, den har legepladser, boldplads, bordtennis, en hundezone og meget mere. Parken og den omkringliggende plads og gade, Wielandgasse, er opkaldt efter den tyske digter Christoph Martin Wieland (1733-1813).

Park der Freiheit
Hernalser Hauptstraße 183
1170 Wien

På hjørnet af Julius-Meinl-Gasse og Hernalser Hauptstraße i 17. Bezirk, Hernals, finder man Park der Freiheit, Frihedsparken. Parken er opkaldt til minde om de personer fra Hernals, der var forfulgte, samt under fascismen.

Planquadrat-Garten
Schikanedergasse 3 • 1040 Wien

Planquadrat-Garten er lille park i 4. Bezirk, Wieden, som passes af en gårdhaveforening. Indgangen til parken findes i Margaretenstraße 30 samt i Preßgasse 24. Parken har flere legeredskaber og en stor sandkasse. Hunde har ingen adgang. Dele af parken benyttes af en børnehave, den del er der ingen offentlig adgang til.

Puchsbaumpark
Puchsbaumplatz • 1100 Wien

For foden af Laaer Berg i 10. Bezirk, Favoriten, finder man Puchsbaumplatz. I midten af pladsen ligger Puchsbaumpark. Parken og pladsen er opkaldt efter byggemester Hans Puchsbaum, som var med til at opføre Stephansdom.

PÖTZLEINSDORFER SCHLOSSPARK
Geymüllergasse • 1180 Wien

Pötzleinsdorfer Schloßpark, eller Pötzleinsdorfer Park, er en cirka 354.000 m² stor park i bydelen Pötzleinsdorf i 18. Bezirk, Währing, der er beliggende langs den nordlige del af Schafberg, mellem Pötzleinsdorfer Straße, Geymüllergasse, Ladenburghöhe og Schafberggasse. Parken blev anlagt i engelsk landskabshavestil og var indtil 1935 i privateje. Parken blev anlagt i 1700-tallet af Philippina von Herberstein, og blev omlagt under Johann Heinrich Geymüllers ejerskab af gartnerne Konrad A. Rosenthal og Franz Illner. I begyndelsen af 1800-tallet var parken et yndet mødested for Wiens bedre borgerskab. Da Geymüllers bank gik konkurs i 1841 blev park og ejendom solgt, og skiftede hænder flere gange inden familien Ladenburg-Ellisen erhvervede området i 1868.

Efter Første Verdenskrigs afslutning begyndte der at gå rygter om at udstykke parken, derfor valgte møbelproducenten Max Schmidt at købe området og blev områdets sidste private ejer. Max Schmidt testamenterede området til Wiens kommune, der åbnede parken for offentligheden i 1935. Parken blev ramt af bombardementer under Anden Verdenskrig, og man skulle helt frem til juni 1949 før borgmester Theodor Körner kunne genåbne parken for offentligheden. I parkens østlige ende finder man Schloß Pötzleinsdorf, som i dag fungerer som en Rudolf Steiner skole. Parken er et yndet udflugtsmål for mange wienere, da der er græsarealer, legeplads, børnezoo, to mindre boldpladser og meget mere. I parken finder man desuden fire figurer, *den syngende kvartet, Singende Quartett*, som repræsenterer sopran, alt, tenor og bas. Figurerne var oprindelig en del af Ringtheater, men da teatret brændte den 8. december 1881, blev figurerne købt af Max Schmidt, som flyttede figurerne til parken. Parken er indhegnet og er lukket om natten. Desuden er parken en af Østrigs mest betydningsfulde havearkitektoniske mindesmærker og er fredet under den østrigske Kulturarvsstyrelse, Denkmalschutz.

WIENER PRATER

Grønne Prater eller Wiener Prater er et godt 6 km² stort område i 2. Bezirk, Leopoldstadt, mellem Donau og Donaukanal. Vidste I i øvrigt, at Wiener Prater er cirka dobbelt så stor som Centralpark i New York? Området opstod efter reguleringen af Donau i 1875. I *Grønne Prater* eller *Grüne Prater*, finder man legepladser, picnicpladser og sportsklubber. Det er også i dette område, man finder Ernst Happel Stadion, hvor fodboldkampe deler græstæppe med store open-air-koncerter. Grønne Prater gennemskæres af små vandløb og tilgroede flodenge. En af søerne i sumpen, er Heustadlwasser, hvor man kan leje træbåde og ro en tur på søen. Området benyttes også af

57

motionsløbere, folk der går stavgang (Nordic Walking) eller cykler en tur.

Første gang man kunne læse om Prater var i et dokument fra 1162, da kejser Friedrich den Første Barbarossa ejede flere grunde mellem Schwechat og Donau ved Mannswörth. Området blev kaldt for *Pratum*, som er det latinske ord for *Wiese* eller *eng* på dansk. Området blev, mere korrekt, kaldt for *quod dictur Pratum*, opkaldt efter en adelig med navnet *Conrad de Prato* eller *Counradus, qui dictur de Prato*, som fik området af kejseren. Familien *de Prato* kaldte sig senere for *Prater*. Næste gang man kunne læse om området var i et dokument i 1403, da hertug Albrecht den Fjerde gav Stadlau tre flodsletter, Segengrundt, Scheiben og Pratter, som i dag alle er en del af det nuværende Prater. De tre flodsletter var en del af

Thunaw, et gammelt navn for Donau, i nærheden af Stadlau. I slutningen af det 15. århundrede blev navnet ændret til *Bardea* af den ungarske konge Matthias Corvinus, men få år senere ændrede kejser Maximilian navnet til *Prater*. Skrivemåden *Pratter* blev brugt i mange år.

I middelalderen var det store område mellem byen og Donau blot et sumpområde og kejserfamiliens jagtområde. Det var kun den kejserlige familie, der havde adgang til Prater, som jagtområdet hed, dette område kaldes i dag for *Grüne Prater*, *det grønne Prater* eller *Praterauen*. Den menige wiener kunne kun stå udenfor området i håb om at få et glimt af kejseren. Prater var tidligere en uberørt engskov, som oprindeligt blev betegnet som en lille ø i floden Donau nord for Freudenau. Men i 1538 blev der anlagt en 4,4 km

Det Grønne Prater

snorlige vej direkte fra det kejserlige palæ, Palais Augarten, til det kejserlige jagtområde i Prater. Men faktisk var kejseren ikke den første ejer af området, der findes dokumenter der viser, at klosterordenen Augustinerne allerede i år 1444 ejede dele af området. Senere købte Jesuitterne to grundstykker derude, som blev kaldt for Jesuitenwiese. Det var først omkring 1560, at ærkehertug Maximilian, den senere kejser Maximilian, købte flere grundstykker, for at få et stort og sammenhængende jagtområde. De skiftende monarker jagede alt fra vildsvin, grævlinger, ræve, ulve, brunbjørne, snepper og hjorte. Prater var jagtområde helt frem til 1920, den sidste hjort blev dog skudt i 1880.

Egentlig var jagtområdet kun for monarken, men kejserinde Maria Theresia gav også medlemmer af adelen lov til at deltage i den kejserlige jagt, men kun, hvis de holdt sig til hovedalleen, Hauptallee og de få udvalgte sideveje til hovedalleen, enten til fods eller i hestevogn. Det var forbudt at tage hunde med, med mindre det var damernes små skødehunde. I april 1766 gav kejser Joseph den Anden den almene wiener lov til at benytte Prater, det benyttede mange wienere sig af. Særligt på søndage og på helligedage var der mange mennesker i Prater. Det var først tilladt at benytte Prater efter klokken 10 om søndagen, således at søndagens tidlige gudstjeneste ikke fik en konkurrent, om aftenen blev der signaleret med tre såkaldte Böl-

lerskud, en Böller er en mindre kanon, at man skulle forlade området.

Kejser Joseph den Anden tillod, at der blev solgt forfriskninger, og det kom til at danne grundlaget for den senere forlystelsespark Prater, hvor der var underholdning og forlystelser, for både store og små... også det man ikke talte højt om, nemlig prostitution. Men der blev også afholdt fyrværkershows, det første blev afholdt den 24. maj 1771, hvor italieneren Peter Paul Girandolini viste godt 10.000 wienere sit store fyrværkerishow. To år senere kom den tyske Johann Georg Stuwer til Wien, og i 1773 fik han privilegiet at afholde disse fyrværkerishows. Han indrettede sig på et engområde nord for Ausstellungsstraße, som snart blev kaldt for *Feuerwerkswiese*, her opstillede han et stort stillads af træ, hvor han kunne montere sin pyroteknik, desuden blev der opført en tribune til publikum. I årene der fulgte konkurrerede Peter Paul Girandolini og Johann Georg Stuwer. Dog kom der oftest flest til Johann Georg Stuwers show, da de ofte var om fredagen, mens Paul Girandolini ofte havde sine shows om søndagen. Johann Georg Stuwer blev rig på at afholde sine shows. På en aften med godt vejr, kom der gerne 25.000 publikummer. Han kunne tjene op til 6.000 Gylden på en enkelt aften. Johann Georg Stuwer blev et af Wiens vartegn, men den 29. september 1799 afholdte han sit sidste fyrværkerishow, og døde tre år senere. Efterfølgende blev Stuwerstraße

Forlystelsesparken Prater

og Stuwerviertel i Leopoldstadt opkaldt efter ham. I årene der fulgte var der andre i familien Stuwer som tog over efter Johann Georg Stuwer. Men i forbindelse med klargøringen til Verdensudstillingen i 1873 meddelte myndighederne, at stilladset og tribunerne skulle fjernes. Ejeren Anton Stuwer, et oldebarn til Johann Georg Stuwer, modtog blot 60 Gylden i kompensation. Anton Stuwer opgav herefter erhvervet som fyrværker.

Omkring år 1786 opstod der langs Hauptallee tre kaffehuse, som snart blev meget populære. De bar navnene Erstes, Zweites og Drittes Kaffeehaus, altså Første, Anden og Tredje Kaffehus. Det første, Erstes Kaffeehaus, lå på et område syd for det nuværende Schweizerhaus. Her var det muligt at se og høre klassisk musik, Ludwig van Beethoven optrådte her i 1814, og det samme gjorde Joseph Lanner i 1824, desuden var der danseforestillinger og musikaftener. Men forretningen gik dårligt, og fra 1854 til 1938 skiftede stedet ejer hele 21 gange. På grund af krigen blev kaffehuset lukket og brændte ned i 1945.

Zweite Kaffeehaus var større end det første, og mere nobelt, som man sagde. Her optrådte Johann Strauss Sohn i 1844 og i 1866 optrådte brødrene Josef Strauss og Eduard Strauß med et 60 mands stort orkester. Ved siden af hovedbygningen var der en ottekantet salon, et billardrum, et sidelokale, fire mindre saloner, en vinterhave samt en stor salon med eget husorkester. Dette etablissement brændte ligeledes ned i 1945, og blev ikke genopført.

Dritte Kaffeehaus, altså det Tredje Kaffehus, havde også åbent om vinteren, hvor der også blev afholdt store fester, hvor musikere som Strauss og Lanner spillede op til dans. I 1871 blev kaffehuset ombygget til et syngespilsteater, hvor der var plads til 5.000 publikummer. Nemt var det ikke, og efter to konkurser overtog Anton Ronacher lokalet i 1877 og satte operaer og varietéforestillinger på programmet. I 1896 kom der også stykker af blandt andre Nestroy på programmet. Dritte Kaffeehaus brændte i 1920, men blev genopført, men blev ødelagt under Anden Verdenskrig.

Udover fyrværkeri og kaffehuse, var der også ballonflyvninger, nogen mere vellykkede end andre samt flyopvisninger i Prater. Der var endda også cirkusforestillinger derude, der blev anlagt en cirkuseng, Zirkuswiese, skråt overfor Dritte Kaffeehaus, hvor man fra juni 1808 blandt andet kunne opleve Cirkus Gymnasticus, Zirkus Bach. På cirkuspladsen blev der opført en cirkusbygning, man formoder, at det var arkitekt Joseph Kornhäusel, der tegnede bygningen, som eksisterede frem til august 1852. I 1839 blev der etableret en galopbane, Freudenau, på et område som var opstået efter man i 1832 havde reguleret en del af Donaukanalen, og i 1858 blev der opført tribuner på foranledning af kejser Franz Joseph den Første. Tribunerne var tegnet af Carl Hasenauer, og hans bror, tømrermester Christoph Hasenauer byggede dem. Det første østrigske derby blev kørt i 1868. Galopbanen eksisterer stadig. I 1874 blev der også etableret en travbane i Prater, Trabrennbahn Krieau.

FORLYSTELSESPARKEN PRATER
Prater 7 • 1020 Wien

I udkanten af jagtområdet, eller Grüne Prater, opstod der en forlystelsespark, hvor de mange menige wienere kunne forlyste sig med uskyldige forlystelser, såsom karruseller. Forlystelsesparken Prater kaldes også for Wurstelprater, Pølseprater. Et navn der opstod fordi der oprindeligt var et dukketeater i forlystelsesparken, hvor den gennemgående figur i de klassiske stykker hed Hans Wurst, eller Pølse-Hans, en figur som svarer lidt til Mester Jackel. Hans Wurst, som egentlig hed Josef Anton Stranitzky, var folkets stemme, og der kom ofte grove bemærkninger fra scenen, alle de ting som ingen andre turde sige højt. Blandt andet så brød kejser Joseph den Anden sig ikke om Hans Wurst. Det førte til, at kejseren i 1790, forbød Hans Wurst at sige noget som helst. Herved opstod det at mime og pantomimeteatret blev det nye i Wien.

Senere blev hele jagtområdet åbnet op for alle, og de grønne skove blev et yndet udflugtsmål for wienerne. Den lille forlystelsespark har vokset sig til en stor forlystelsespark, hvor mange nok vil nikke genkendende til det store pariserhjul, Wiener Riesenrad, der åbnede for første gang i 1897. Omkring år 1900 opstod, hvad

Rathauspark

man formoder, verdens førte temapark, den lå i Prater og hed *Venedig i Wien,* der var kunstige kanaler, hvor man kunne sejle i gondoler, og til hver sommersæson var der en ny attraktion. Anden Verdenskrig var hård ved Prater, i starten af april 1945 i forbindelse med Slaget om Wien, blev forlystelsesparken hårdt ramt af ødelæggelser. I årene efter krigen genopstod parken, dog uden *Venedig i Wien.* Hvis man er filminteresseret, så blev flere af scenerne i spillefilmen *Der Dritte Mann* optaget i Prater. Prater minder lidt om Dyrehavsbakken i Klampenborg, lidt nord for København. Blandt forlystelserne finder man alt lige fra spøgelsestog til gigantiske rutsjebaner, den ældste af rutsjebanerne, Toboggan, er over 100 år gammel.

RATHAUSPARK
Rathausplatz • 1010 Wien

Rådhusparken strækker sig over et område mellem rådhuset og Ringstraße, arealmæssigt drejer det sig om cirka 40.000 m². Parken blev anlagt i 1873 i forbindelse med opførelsen af rådhuset, initiativet til at anlægge parken ved rådhuset kom fra borgmester Cajetan Felder. Parken skulle anlægges der, hvor der indtil videre havde været en militærparadeplads og eksercitsplads på Josefstädter Glacis. Parken blev tegnet af stadsgartner Rudolph Siebeck, og består af to symmetriske dele, som hver har et centralt springvand. Budgettet lød på 165.380 Gylden, hvilket svarer til cirka 1,5 milli-

oner Euro eller godt 11,25 millioner danske kroner.

Da man var i planlægningsfasen af det 370 meter lange og 160 meter brede området, opstod der en del diskussioner. Rådhusets arkitekt, Friedrich von Schmidt, ønskede en lav beplantning med buske og roser, da høje træer ville dække rådhusets facade. Med det ønske besluttede byrådet, at der skulle plantes lav beplantning. Men samtidig ønskede Friedrich von Schmidt to store monumentale brønde, samt to gennemgående veje, der skulle krydse området. Stadsgartner Siebeck præsenterede sit forslag i oktober 1870. Men borgmester Felder var ikke helt tilfreds, han ønskede en park i samme stil som Stadtpark, hvor wienerne kunne nyde en spadseretur eller sidde på en bænk og lade livet gå forbi, mens man så på folk eller blev set på. Siebeck ændrede sine planer, tegnede områder med træer, han fjernede de gennemgående veje og tegnede svungne gangstier i stedet, de to monumentale brønde blev fjernet og to mindre, og billigere, springvand blev tegnet. Da man den 14. juni 1873 lagde grundstenen til rådhuset, kunne man samtidig indvie Rådhusparken.

I 1878 trådte borgmester Cajetan Felder tilbage og stadsgartner Siebeck gik på pension, det fik arkitekt Friedrich von Schmidt til tegnebordet for at komme med sine planer for Rådhusparken. Han fik assistance fra arkitekterne Theophilus E. von

63

Hansen og Heinrich Ferstel samt Wiens Byråd. I 1879 fremlagde den nye stadsgartner, Lothar Abel, sine planer frem, planer der passede til Friedrich von Schmidts ønsker. Nemlig en park med store græsplæner og lave buske. Disse planer blev aldrig godkendt, og parken beholdt sin form, netop som Rudolph Siebeck havde tegnet den.

Parken domineres af store platantræer, heriblandt er Wiens ældste platantræ. Træet blev plantet i 1783, og har nummer 252 i Wiens træregister, jo sådan et findes. Træet er cirka 30 meter højt, kronen er cirka 21 meter i diameter og stammen er cirka 6 meter i omfang. Herudover er der en rødbøg som blev plantet i forbindelse med kejser Franz Joseph den Førstes 50 års regentjubilæum i 1898, samt et egetræ, der blev plantet i 1906, til minde om borgmester Karl Lueger. Parken er i dag et yndet udflugtsmål for mange lokale wienere, og det er her man afholder filmfestivalen, hvor man kan opleve operafilm. Til jul benyttes området til julemarked, *Adventzauber*, og efter jul forvandles parken til en stor skøjtebane, *Eistraum*, som hvert år tiltrækker mange besøgende, også lokale wienere. I parken finder man desuden en lang række mindesten og statuer, blandt andet af Ferdinand Georg Waldmüller, Johann Strauss Vater, Josef Lanner, fysikeren Ernst Mach, socialfilosoffen Hugo Popper-Lynkeus samt politikerne Karl Seitz, Theodor Körner og Dr. Karl Renner.

REINLPARK
Märzstraße • 1140 Wien

Reinlpark er et parkanlæg, der er beliggende mellem Reinlgasse, Goldschlagstraße, Märzstraße og Gurkgasse i 14. Bezirk, Penzing, i gåafstand fra U-banestationen Hütteldorfer Straße. Parken blev anlagt i 1902, og de 16 bygninger rundt om parken blev opført mellem 1896 og 1914. Den ældste bygning er en skole i Goldschlagstraße 137.

RESSELPARK
Karlsplatz • 1040 Wien

Resselpark er beliggende ved Karlsplatz og det Tekniske Universitet i 4. Bezirk, Wieden. Parken er opkaldt efter Josef Ressel, og i parken finder man flere skulpturer af blandt andet Johannes Brahms. Efter Anden Verdenskrig fungerede Resselpark som

Resselpark

illegal sort børs, hvor man blandt andet byttede varer, et sted hvor de sovjetiske besættelsessoldater også kom. Parken blev omlagt i 1971-1978 af Sven Ingmar Andersson. I 1980erne blev parken kendt for at være stedet med hjemløse, narkohandlere og lommetyve.

ROCK-PARK
Schreyvogelgasse • 1010 Wien

Langs Schreyvogelgasse i 1. Bezirk, Innere Stadt, finder man den blot 200 m² stor park, Rock-Park, som blev anlagt på initiativ fra det østrigske haveselskab, Österreichischen Gartenbau-Gesellschaft. Parken er opkaldt efter botaniker, fotograf, etnolog og sprogforsker Joseph Franz Rock (1884-1962). Joseph Franz Rock boede i sine første leve år i et hus på Universitätsring 12.

RUDOLF-BEDNAR-PARK
Krakauer Straße 17 • 1020 Wien

Rudolf-Bednar-Park i 2. Bezirk, Leopoldstadt, som åbnede i september 2008, er den største park i Wien, som er blevet anlagt efter 1974. Parken er opkaldt efter Rudolf Bednar, som var socialdemokratisk bydelsformand for 2. Bezirk fra 1977 til 1984. Parken er beliggende på en del af området, hvor den tidligere Nordbahnhof lå. Nordbahnhof var indtil 1918 en gods- og fragtbanegård, hovedsageligt kul, en af Wiens vigtigste banegårde. Området omkring den tidligere banegård er i transformation til at blive en ny bydel med lejligheder og virksomhedsfaciliteter til cirka 22.000 beboere og cirka 22.000 arbejdspladser. Rudolf-Bednar-Park er en cirka 3,1 hektar stor park, eller *grøn lunge*. Der er cirka 280 træer, men der er også blevet plads til en skaterbane og en boldbane.

RUDOLF-GRÜNWALD-PARK
Rudolf-Grünwald-Park er beliggende i 19. Bezirk, Döbling, og er opkaldt efter Rudolf Grünwald (1884-1942). Rudolf Grünwald var hestehandler og vognmand, tidligere havde han været sportschef i fodboldklubben FC Vienna. Efter tyskernes annektering af Østrig i 1938 blev han fratagt sine rettigheder, da han var jøde, og levede på et alderdomshjem, hvorfra han, i juni 1942, blev deporteret til Maly Trostinec i Hviderusland. I 2019 blev denne park opkaldt efter ham.

SCHLOSSPARK SCHÖNBRUNN
Schönbrunner Schloßstraße 47
1130 Wien

Den store slotspark ved Schloß Schönbrunn er 160 hektar, 1.600.000 m² eller 1,6 km², stor. Parken blev anlagt før slottet blev opført. Det var oprindeligt den kejserlige families store jagtrevir, hvor man opdrættede fasaner, som kejserfamiliens medlemmer kunne skyde. Parkens nuværende udseende kan spores tilbage til kejserinde Maria Theresia, da hun fik ombygget slottet i perioden fra 1740 til 1760. Kejserinden ønskede, at havens snorlige og symmetriske anlæg skulle repræsenteres på samme måde, som var det slottets pragtsale. Parken er indrettet med snorlige veje, udsigtsakser og romantiske pavilloner, som alle er symbolske påmindelser om Habsburgernes overlegenhed. I Kronprinzengarten kan man opleve nogle af slotsparkens 400 citrusplanter, hvoraf nogle er historiske sorter, som er op mod 180 år gamle. Man har dyrket citrusplanter i den tidligere kejserlige slotspark siden 1647.

GLORIETTE

Højt hævet over Neptunbrønden med udsigt over slotspark og slot finder man Gloriette, som blev opført på ordre fra kejserinde Maria Theresia. Bygningen blev opført i 1775 til minde om kampene ved Kolín den 18. juni 1757. Oprindeligt blev bygningen blot opført for at være et blikfang og refugium, som kejserinde Maria Theresias mand, Franz Stephan von Lothringen, ofte benyttede som et sted, hvor han kunne studere og finde ro. Senere benyttede ærkehertug Johann, søn af Leopold den Anden, ofte Gloriette, som også blev benyttet som udsigtspavillon, i dag finder man en café i pavillonen. Dele af bygningen, herunder søjlerne, skulle eftersigende stamme fra Schloß Neugebäude.

NEPTUNBRØNDEN

Neptunbrunnen, eller Neptunbrønden, er beliggende i den nederste del af parken. Brønden blev opført i 1780, som et symbol på adelsslægten Habsburg som havets betvinger.

OBELISKBRUNNEN

Obeliskbrunnen, eller Obeliskbrønden, blev opført i 1777, og er et springvand der er kronet med en obelisk.

DEN ROMERSKE RUIN

Den romerske ruin stammer fra år 1778. Ruinen og vedbenden, som begge er falske, skal få os til at tænke på antikkens toneangivende civilisationer, såsom den egyptiske såvel som den romerske. Ruinen er opført med dele fra Schloß Neugebäude.

DER SCHÖNE BRUNNEN

Der Schöne Brunnen, eller *den skønne brønd*, er eftersigende den brønd som har givet navn til slot og slotspark. Brønden stammer fra 1700-tallet, hvorfra slottets tjenestefolk hentede vand til brug på slottet, da slottet først fik indlagt vand engang i 1800-tallet.

PALMEHUSET - SCHÖNBRUNN

Palmehuset i slotsparken ved Schönbrunn stammer fra 1882. Det blev tegnet af hoffets arkitekt Franz Xaver Segenschmid. Palmehuset er 111 meter langt, 28 meter bredt og 25 meter højt, det dækker en areal på 2.500 m² og der 45.000 vinduer, der til sammen dækker et areal på 4.900 m². Da palmehuset blev indviet i juli 1882, var det verdens største glashus. Det var en tradition i den kejserlige familie, at de mandlige medlemmer lærte et håndværk for at have en fornuftig hobby ved siden af jobbet som hersker. De fleste blev gartnere, og netop det kan man blandt andet opleve i Palmehuset i slotsparken ved Schloß Schönbrunn. Palmehuset rummer en stor samling af eksotiske planter, faktisk verdens største samling. De har over 4.000 forskellige planter, herunder den østrigske stats historiske botaniske samling. Den 7. februar 1945 blev palmehuset ramt af tre bomber, men efter en genopbygning kunne man indvie det i januar 1953. Men på grund af glashusets vedligeholdelse, eller manglen på samme, måtte man lukke palmehuset mellem år 1976 og 1990. I 1986 begyndte man at gennemrenovere det historiske glashus. Det gjorde man igen fra 2011 til 2014. Palmehuset består af tre huse, det varme hus, det tempererede hus og det *kolde* hus.

IRRGARTEN

Irrgarten i Schönbrunner Schloßpark blev anlagt omkring år 1720. Den oprindelige have forsvandt omkring år 1892, men i 1999 valgte man at genskabe haveanlægget, som fylder 1.715 m², efter de originale tegninger. Til Irrgarten hører der desuden en 2.700 m² stor labyrint. Der er desværre ikke gratis adgang til Irrgarten og labyrinten.

ØRKENHUSET - WÜSTENHAUS

Würstenhaus er beliggende i Schönbrunner Schloßpark, det er en botanisk have med planter og dyr der normalt vokser og lever i ørkenområder samt i tørre områder. Ørkenhuset blev opført i 1904 og det nyeste af i alt fire botaniske drivhuse. Den

er beliggende i bygningen som også kaldes for Sonnenuhrhaus, Solurhuset. Den nuværende ørkenudstilling åbnede i 2004, som et modstykke til regnskovhuset, som er beliggende i Zoo Wien, som også står for den daglige drift af ørkenhuset.

SCHÖNBORNPARK
Laudongasse 15-19 • 1080 Wien

En del af den tidligere have ved Palais Schönborn er i dag omdannet til en offentlig park. Schönbornparker er cirka 10.000 m² stor, og er beliggende ved Florianigasse og Langen Gasse. Parken er beliggende ved palæet Palais Schönborn, som er et barokt havepalæ i 8. Bezirk, Josefstadt. Palais Schönborn omtales oftest som Gartenpalais Schönborn for at formindske forvirringen om et andet palæ, Palais Schönborn-Batthyány, der er beliggende i 1. Bezirk. Palæet stammer oprindeligt fra 1500-tallet, men i 1706 fik arkitekt Johann Lucas von Hildebrandt opgaven med at ombygge palæet til Friedrich Karl von Schönborn, som var vicerigskansler i Wien og senere fyrstebiskop i Bamberg og Würzburg. I 1714 var ombygningen af palæet overstået, og i 1725 blev der opkøbt en nabogrund, således at både hus og have kunne udvides. I 1740 flyttede von Schönborn til det andet palæ i 1. Bezirk. Efter Friedrich Karl von Schönborns død blev store dele af palæets møbler og kunst flyttet til palæet i Renngasse, og senere solgt. Fra cirka år 1750 blev palæet udlejet, blandt andet til hofarkitekt

Canevale. I 1841 omdannede Amalia Baronin Pasqualati palæet til et amatørteater og en teaterskole. Bystyret i Wien overtog i 1862 overtog både palæ og den resterende del af haven, og gjorde haven offentlig for wienerne. I 1872 flyttede den nye uddannelsesinstitution for landbrug ind i palæet. Fra 1897 havde Højesteretten til huse her, og siden 1917 har palæet dannet ramme for Österreichisches Museum für Volkskunde. Under Anden Verdenskrig blev der opført en bunker i parken, som ændrede parkens struktur.

Siden juni 2006 har parken, den omkringliggende mur, brønde og toiletpavillonen været fredet under det østrigske Denkmalschutz. I dag er parken indrettet med legeområder, siddepladser og et område for hunde. I parken finder man et fredet lindetræ (Tilia platyphyllos), en buste af Edmund Eyslers, der var østrigsk komponist, samt et egetræ der blev plantet i 1934. Men hvorfor er lige toiletpavillonen fredet? Ja, historien siger, at det offentlige toiletanlæg i parken, ud mod Florianigasse, blev opført omkring år 1903 af entreprenør Wilhelm Beetz. I år 2015 blev den historiske toiletbygning renoveret for godt 68.750 Euro (cirka 515.625 danske kroner) og gjort handicapvenlig.

SCHRAMMELPARK
Dornbacher Straße • 1170 Wien

Schrammelpark er beliggende i 17. Bezirk, Hernals. Parken er opkaldt

efter kvartetten *Schrammel-Quartett*, et instrumentalmusikensemble, som blev skabt af brødrene Johann og Josef Schrammel. Kvartetten fik med sin musik, især folkelig wienermusik, stor succes og deres musik kendes i dag som Schrammelmusik. Schrammelmusik er et synonym for wiener underholdningsmusik, som har rødder tilbage til de tidlige operettemelodier, som ofte spilles på vinudskænkningsstederne, de såkaldte Heurige.

SCHUBERTPARK
I Wien er der ikke blot en park, men fire parker der er opkaldt efter komponisten Franz Schubert.

INZERSDORFER SCHUBERTPARK
Purkytgasse • 1230 Wien

Inzersdorfer Schubertpark er en cirka 3.500 m² stor Beserlpark, *(se ordforklaring på side 19 i denne bog)*, i Inzersdorf som er en del af 23. Bezirk, Liesing. Parken er beliggende i krydset mellem Purkytgasse og Kinskygasse, og rummer ældre træer, græsplæner, legeplads og en skaterpark. Parken blev opkaldt efter komponisten Franz Schubert i 1928 i forbindelse med at det var 100-året for komponistens død.

KALKSBURGER SCHUBERTPARK
Jakob-Sommerbauer-Straße 3 1230 Wien

Kalksburger Schubertpark er en park

i bydelen Kalksburg i 23. Bezirk, Liesing. Store dele af parken er skov, men der er etableret en skovlegeplads.

MAURER SCHUBERTPARK
Kaserngasse • 1230 Wien

Maurer Schubertpark er en cirka 440 m² stor Beserlpark, *(se ordforklaring på side 19 i denne bog)*, i bydelen Mauer, som er en del af 23. Bezirk, Liesing. Parken er beliggende i det område som også kaldes Spitz, som er mellem Rielgasse og Kaserngasse. Det blev i november 1927 besluttet, at der skulle anlægges en park i Mauer, og i november 1928 blev parken opkaldt efter den østrigske komponist Franz Schubert. Til minde om Franz Schubert blev der den 18. november 1928 plantet et lindetræ (Tilia cordata), som i dag er fredet med nummeret 813.

WÄHRINGER SCHUBERTPARK
Teschnergasse 31 • 1180 Wien

Währinger Schubertpark er en park på cirka 14.000 m² ved Währinger Straße mellem husnummer 123 og 123 A, i 18. Bezirk Währing. Parken blev anlagt på den tidligere kirkegård Währinger Ortsfriedhof. Oprindeligt blev de afdøde i Währing, Weinhaus, Gersthof og Pötzleinsdorf begravet rundt om kirken St. Gertrud. Da man, i 1753, opførte en ny kirke var der behov for mere plads til en udvidelse af kirkegården. Men på grund af nabobygningerne og modstand fra beboerne, og den nuværende kirkegård manglede plads, valgte man at anlægge en ny kirkegård et andet sted. Efter sognepræsten Andreas Schwarzenbach havde ledt efter en brugbar plads til er kirkegård i et stykke tid, lykkedes det til sidst at finde en grund i den nuværende Währinger Straße nummer 123.

Den nye kirkegård blev indviet i februar 1769. I slutningen af 1820erne blev kirkegården udvidet. I 1837 begyndte man at mærke den første pladsmangel på kirkegården, og der blev købt en grund, der lå op mod den vestlige del af kirkegården, som blev indviet i oktober 1841. I april 1873 lukkede kirkegården, og de mest prominente personligheder blev genbegravet på andre kirkegårde. Blandt kirkegårdens prominente døde var komponister og digtere, som blandt andre var Ludwig van Beethoven, Franz Schubert, Alma von Goethe (barnebarn til digteren Johann Wolfgang von Goethe), Johann Nestroy og Franz Grillparzer. Alma von Goethes kiste blev dog flyttet til Weimar i juni 1885. I 1912 blev den tidligere kirkegård købt af Wiens kommune, som ønskede at omdanne kirkegården til en park.

Ideerne om at forvandle den tidligere kirkegård til en park, blev udført i 1924-1925. En del af gravene blev samlet i en mindelund, i alt 40 gravsten, blandt dem kan man finde Ludwig van Beethovens og Franz Schuberts gravsten. Parken blev indviet af borgmester Karl Seitz i 1928, som i anledningen af 100-året for Franz Schuberts død plantede et egetræ, og Währinger Mandskor, *Währinger Männergesangsverein*, plantede et Schubert-Lindetræ.

SCHULGARTEN KAGRAN
Donizettiweg 29 • 1220 Wien

Schulgarten Kagran er en cirka 60.000 m² skolehave ved U-bane-stationen U1 Kagran i 22. Bezirk, Donaustadt. Haven, som åbnede i 1912, fungerer som uddannelseshave for elever på gartner- og blomsterbinderuddannelserne.

SCHÜTTE-LIHOTZKY PARK
Mittersteig 28 • 1050 Wien

I forbindelse med anlæggelsen af et underjordisk parkeringsanlæg i 1997 opstod den lille, men meget anvendte park. Parken er cirka 3.800 m² stor og er beliggende i gaden Mittersteig. Parken er opkaldt efter en af Østrigs første kvindelige arkitekter, Margarete Schütte-Lihotzky, der udover arkitekt også var modstandskvinde og født i Margareten. Parken er det som man i Wien vil kalde for en Beserlpark, *(se ordforklaring på side 19 i denne bog)*, den grænser op til tre

Volksgarten

beboelsesejendomme, og det er hovedsageligt beboerne i boligblokkene, som benytter sig af parken, hvor der er legepladser og et sted, hvor de ældre kan mødes. Parken er ikke tilgængelig om natten.

MARGARETE SCHÜTTE-LIHOTZKY

Margarete Schütte-Lihotzky blev født den 23. januar 1897 i 5. Bezirk, Margareten. Hun var en af de første kvinder i Østrig, der studerede arkitektur og muligvis også den første kvinde, som gjorde det til sin levevej. Hun levede og arbejdede i nogle år både i Tyskland samt i Sovjetunionen. Hun kom fra en borgerlig wienerfamilie, faderen, Erwin Lihotzky, var embedsmand og moderen, Julie Bode, var i familie med den tyske kunst- og museumsekspert Wilhelm von Bode, der var grundlæggeren af Kaiser Friedrich Museum, det nuværende Bode-Museum i Berlin, som i øvrigt er opkaldt efter ham. Bedstefaderen, Gustav Lihotzky, var borgmester i Czernowitz, der var hovedstad i Bukowina, i det nuværende Ukraine, som frem til 1918 var en del af det Østrig-ungarske kejserrige. Senere blev bedstefaderen hofråd, embedsmand, i justitsministeriet i Wien.

Margarete Schütte-Lihotzky studerede fra 1915 til 1919 på den kejserlige kunsthåndværkerskole, den nuværende Universität für Angewandte Kunst, i Wien, hvor personligheder som blandt andre Josef Hoffmann, Anton Hanak og Oskar

Kokoschka underviste. Hun studerede arkitektur hos Oskar Strnad (dette er ikke en stave- eller tastefejl, det var sådan hans navn blev stavet), samt byggekonstruktion hos Heinrich Tessenow. I 1921 arbejdede hun endda sammen med Adolf Loos på projektet om et boligområde *Friedensstadt am Lainzer Tiergarten*. Senere kom hun til at arbejde med typehuse, hvor hun udviklede det som kaldes for et *Frankfurter Küche*, *Frankfurter Køkkenet*, som i dag anses for at være prototypen for det moderne indbygningskøkken.

Margarete Schütte-Lihotzky mødte kollegaen Wilhelm Schütte, som hun blev gift med i 1927. I 1930-1932 var hun, som den eneste kvindelige arkitekt, inviteret med til at give sit bud på, hvordan fremtidens byggerier skulle se ud på *Wiener Werkbundsiedlung*, en europæisk byggeudstilling. I starten af 1930erne var hun i en periode i Moskva, Sovjetunionen, som ekspert i at bygge børneinstitutioner, og hendes mand, Wilhelm Schütte, var med som ekspert indenfor byggerier af skoler. I 1933 udstillede hun på Verdensudstillingen i Chicago, og i 1934 var hun på rejser i Japan og Kina. Ægteparret Schütte-Lihotzky blev i Sovjetunionen frem til 1937, kort før deres pas udløb, hvorefter de rejste til Paris, hvor deres pas blev forlænget. I 1938 bosatte de sig i Istanbul, hvor de fik muligheden for at undervise og arbejde, her blev Margarete Schütte-Lihotzky en del af en kommunistisk modstandsbevægelse mod det nazistiske regime. I 1939 blev hun medlem af det østrigske kommunistparti, KPÖ og rejste i 1940 til Wien for at knytte forbindelser med den østrigske modstandsbevægelse. Få uger efter ankomsten til Wien blev hun forrådt og anholdt af Gestapo. Hun blev dømt for højforræderi i september 1942, men hendes dom blev ændret til 15 års tugthus, mens hendes kammerater blev henrettet i marts 1943. Hun blev bragt til fængslet i Aichach, Bayern, Tyskland, som den 29. april 1945 blev befriet af tropper fra Canada.

Efter Anden Verdenskrig arbejdede hun i Sofia, Bulgarien, inden hun og manden Wilhelm returnerede til Wien i 1947. Hun blev skilt fra Wilhelm i 1951, hun forblev kommunist, var med til at tegne forlaget Globus' bygning med kontorer og trykkeri for det østrigske kommunistparti, KPÖ. Margarete Schütte-Lihotzky døde den 18. januar 2000, blot fem dage før sin 103 års fødselsdag, på grund af komplikationer efter en influenza. Hun blev begravet i en æresgrav på Wiener Zentralfriedhof, Gruppe 33 G, grav nummer 28. Flere veje, gader og parker i både Wien, Frankfurt am Main samt i München er blevet opkaldt efter hende. Desuden er der opkaldt et auditorium efter hende på det tekniske universitet i Wien.

SCHWARZENBERGPARK
Exelbergstraße/Höhenstraße
1170 Wien

Schwarzenbergpark var engang en

71

af Europas største lyst- og landskabsparker, i øvrigt en af de første. I dag er den enorme store grønne oase i den nordvestlige del af Wien, med sin smukke gamle allé, store græsplæner, damme, store gamle træer, en skjult hemmelighed, som indbyder til vandreture, flyve med drager eller et perfekt sted, hvor man kan nyde madkurven. Selvom det er en skjult hemmelighed, lokker den grønne oase alligevel talrige wienere derud året rundt.

Parken er beliggende i Neuwaldegg, som er en del af 17. Bezirk, Hernals. Schwarzenbergpark kaldes også for Dornbacher Park. Her blev Østrigs første landskabshave anlagt af Grev Lacy i det 18. århundrede i engelsk stil, oprindeligt hed parken Neuwaldegger Schloßpark, *(læs eventuelt mere på side 55 i denne bog)*, som blev anlagt på parkens højeste punkt, *Hameau. Hameau* er et fransk ord for *bosættelse* eller *landsby.* Franz Moritz von Lacy fik opført 17 hytter, et område som blev kaldt for *Hollænderlandsbyen*, som fungerede som gæsteboliger. Franz Moritz von Lacy, født i Sankt Petersborg, var feltmarskal for kejserinde Maria Theresia og tæt fortrolig med kejser Joseph den Anden, desuden var han hofkrigspræsident. Desuden benyttede Franz Moritz von Lacy slottet til baller og jagtselskaber. Det tog cirka 30 år at anlægge parken med templer, statuer, damme og kinesiske broer. Feltmarskal Lacy døde i 1801, uden arvinger, hvorefter fyrstefamilien Schwarzenberg erhvervede

slot og park, og ændrede områdets navn til Schwarzenbergpark. I 1958 blev parken overtaget af byen Wien, der gjorde parken tilgængelig for alle. I parken, som er cirka 80 hektar stor, finder man stadig nogle træer, damme og en allé, som stammer fra dengang, da parken blev anlagt. Dog er de fleste af bygningsværkerne, fra feltmarskal Lacy' tid, forsvundet.

Da parken er nem at komme til, enten i bil eller med de offentlige transportmidler, benytter mange lokale parken til at vandre, holde picnic, flyve med drager eller løbe i. Der er desuden flere vandreruter, hvoraf flere har forbindelse med den nærliggende Wienerwald. Hvis man ikke har mulighed for selv at lave en picnickurv inden besøget, kan man hos Manameierei *(www.manameierei.com)*, der er beliggende ved parkeringspladsen, bestille en lækker picnickurv, eller man kan vælge at spise i deres bistro. Har man ikke bilen med til Wien, kan man tage sporvogn 43 fra Schottentor til endestationen, Neuwaldegg, og tage videre med bus 43 A til stoppestedet Höhenstraße/Marswiese. I nærheden af Höhenstraße finder man et tætbevokset område, dette område skjuler feltmarskallens gravsted.

SCHWEIZERGARTEN
Arsenalstraße 14 • 1030 Wien

Schweizergarten er med sine 165.000 m² den største park i 3. Bezirk, Landstraße. Parken er beliggende ved kunstmuseet 21er Haus og i

72

nærheden af Schloß Belvedere. Den blev anlagt efter man i 1894 rev den tidligere forsvarslinie, Linienwall ned. I årene 1905-1906 blev der anlagt en bypark her, som oprindeligt blev kaldt for Maria-Josefa-Park, opkaldt efter ærkehertuginde Maria Josefa, som havde været gift med ærkehertug Otto. Efter Første Verdenskrigs afslutning blev parken anlagt på ny, nu i engelsk landskabsstil, og blev omdøbt til Schweizergarten i 1920, som en tak til Schweiz, der efter Første Verdenskrig havde hjulpet Wiens befolkning med humanitær hjælp, herunder fødevarer. Parken lå oprindeligt i 10. Bezirk, Favoriten, men blev en del af 3. Bezirk i 1938, da nazisterne lavede om på bydelsgrænserne. I parken finder man flere store damme, en have med alpine planter, et rosarium samt talrige eksotiske træer.

SEEPARK ASPERN
Janis-Joplin-Promenade • 1220 Wien

Seepark Aspern, eller blot Seepark, er en cirka 48.200 m² stor park i hjertet af Aspern, som er en del af 22. Bezirk, Donaustadt. Området var oprindeligt en lufthavn, Aspern Lufthavn, som blev åbnet i 1912, og var på dette tidspunkt Østrigs største lufthavn. Lufthavnen lukkede i 1977, og området lå ubenyttet hen i en årerække, inden bilforeningen *ARBÖ* begyndte at benytte området som trafikøvelsesplads i 1988. I år 2009 blev den tidligere lufthavn revet ned, og man begyndte anlæggelsen af en sø og et rekreativt om-

råde. Området stod færdig i 2015, og indviet i juli samme år. I parken er der legeplader, to strande, og i den østlige ende, mere præcis på hjørnet af Janis-Joplin-Promenade og Sonnenallee er der en 2.942 m² stor hundezone, hvorfra hunde også har muligheder for at bade i søen. Dog er det kun i den indhegnede hundezone, at hunde har adgang, i den øvrige park er det ikke tilladt at have hunde med. Derudover er der en skaterpark i parken, den finder man ved U-banestationen Seestadt på linien U2.

SETAGAYAPARK
Gallmeyergasse 4 • 1190 Wien

Setagayapark, eller den japanske have (Japanischer Garten Döbling), blev anlagt i 1990-1992 efter planer af den japanske havearkitekt Ken Nakajima (1914-2000). Den cirka 4.700 m² store park er beliggende i 19. Bezirk, Döbling. Döbling og Setagaya, en bydel i Tokyo, har siden 1984-1985 været venskabsbyer, hvoraf ideen med at anlægge en japansk have i Döbling opstod. Andre kilder mener, at haven blev anlagt i forbindelse med 120 året for den østrigsk-japanske venskabsforening, som blev grundlagt i 1869. Den japanske have i Döbling symboliserer et japansk landskab med en kilde, vandfald, en dam, sten og planter, så som magnolia, bambus, dværgahorn, samt kirsebærtræer. Gennem parken flyder et lille vandløb med små vandfald, en åkandedam med skildpadder, guldfisk og

73

ænder. Parken rummer desuden en række stenskulpturer, herunder en stenlanterne, en pagode, en kopi af Shugakuin-Villaen, som oprindeligt befinder sig for foden af bjerget Hiei nord for Kyoto. Ved dammen finder man et tehus, hvor der nogle gange om året afholdes traditionelle teceremonier, men resten af året står tehuset ubenyttet hen. Man siger, at *Paradis* ligger i Wien, mere præcis ved hovedindgangen til den japanske have, for her finder man en kegleformet sten, et stenmonument, med den japanske inskription *Furōmon*, som betyder noget i retning af *Porten til evig ungdom, porten til paradis*. Fra indgangen går man på en sti som symboliserer livets vej, via små broer gennem paradis, langs græsplæner og typiske japanske haveelementer. Parken har åbent fra 1. april til 31. oktober, fra klokken 7.00 om morgenen til lukketid, som i april og september er det klokken 20.00, i maj til august er det klokken 21.00 og i oktober er det klokken 19.00. Det er ikke tilladt af have hund med i parken.

SIGMUND-FREUD-PARK
Universitätsstraße 6 • 1090 Wien

Sigmund-Freud-Park er en del af Votivpark, som er beliggende ved Votivkirche i 9. Bezirk, Alsergrund. De to parker er til sammen godt 31.238 m² store. Sigmund-Freud-Park er beliggende i den sydøstlige del af Vortivpark. Sigmund Freud blev født den 6. maj 1856 i Příbor, tidligere Freiberg, i det nuværende Tjekkiet.

Han blev navngivet Sigismund Schlomogomacho Freud, men skiftede omkring 1875 navn til det vi kender, nemlig Sigmund Freud. Størstedelen af sit liv levede Sigmund Freud i Wien, hvor han fra 1873 til 1881 studerede medicin. Sigmund Freud var af jødisk afstamning, så da Wien og Østrig blev besat af nazisterne i marts 1938, valgte han at flygte til England, hvor han slog sig ned i London. Det var netop i London, at han døde den 23. september 1939.

Sigmund Freud beskæftigede sig i starten af det 20. århundrede med emnet *fortrængning*, hvor han var optaget af hypnose. Hans behandlinger gik ofte ud på at udføre samtaleterapi med sine patienter, og studerede deres drømme og minder fra barndommen. Han udviklede en teori omkring, hvordan psyken er udformet og dens virkemåde. Han mente, at mennesket blandt andet var styret af kræfter i underbevidstheden, som kunne udvikle sig til neuroser. Sigmund Freuds interesse for børns udviklinger og de faser, som de gennemgår i deres opvækst, havde betydning for det voksnes menneskes personlighed og psyke. Han beskæftigede sig meget med den bevidste og ubevidste personlighed, dødsdriften samt seksualiteten. Men han var også religionskritiker og en af 1900-tallets mest indflydelsesrige tænkere. Han skrev flere bøger, blandt andet bogen *Drømmetydning* fra år 1900, *Hverdagslivets Psykopatologi* i 1904 og *Indføring i Psykoanalysen 1-2*, som er fra 1916-1917. Freuds måske nok mest *kendte* patient var *Ulvemanden*, som var indlagt på Sanatoriet Baumgartner Höhe, som under nazismen spillede en uhyggelig rolle. *Læs eventuelt mere om Baumgartner Höhe på side 79 i denne bog.*

STADTPARK
Parkring 1 • 1010 Wien

Stadtpark er en af Wiens mange skønne rekreative områder. Det er også en af de største parker i Wiens centrum. Det er i øvrigt det eneste sted i Wien, hvor man kan se Wienfloden, Wienfluß, der ellers løber i underjordiske kanaler i resten af byen. Floden er en del af parkens arkitektur. Allerede i Biedermeiertiden var området foran Karolinenstadttor et yndet område at gå ture på. Da man valgte at rive den befæstede bymur rundt om det oprindelige Wien ned, opstod der planer om at omdanne området langs den nye Ringgade. En af disse planer var at skabe en offentlig park, ønsket kom fra den daværende borgmester Andreas Zelinka. I september 1860 stillede Wiens byudvidelsesfond et område gratis til rådighed for anlæggelsen af en park. Der var et budget på 115.000 Gylden, men regningen endte med at blive 180.000 Gylden, hvilket svarer til cirka 1,6 millioner Euro eller cirka 12 millioner danske kroner.

Parken blev skabt af landskabsmaler Josef Sellény og stadsgartner Rudolph Siebeck i engelsk landskabsstil. Stadtpark er 65.000 m²

stor, det er den første park i Wien, der blev åbnet for offentligheden i 1862. Den nordlige del af parken og Park-Salon blev officielt indviet 21. august 1862. Park-Salon havde plads til 300 gæster, som kunne nyde Heinrich Wildas kaffespecialiteter og andre forfriskninger. Den øvrige del af parken åbnede også i august 1862, dog uden en offentlig og festlig indvielse. Parken var dengang den anden største kommunalt ejede parker i Wien, kun Franz-Josefs-Park ved Franz-Josefs-Kai var større, denne park eksisterer ikke længere. I 1863 blev den del af parken, som ligger på højre side af Wienfluß, indviet. Det er den såkaldte børnepark, hvor der er legepladser og sportsanlæg, de to dele er forbundet med en bro. Fra vinteren 1867-1868 omdannede man en dam til en skøjtebane, hvor man for en entre på 30 østrigske kroner, kunne løbe på skøjter.

I årene 1903-1907 blev der lavet om i parken, der blev opført en portal ved floden, der blev bygget pavilloner og trapper, som i dag er en del af det man kan opleve i Stadtpark. Tidligere kunne man ikke bare sætte sig på en stol eller bænk i parken, i hvert fald ikke uden at betale et såkaldt sædegebyr eller *Sesseln Gebühr* til de såkaldte *Sesselweibern*, som kan oversættes til stoledamerne, lidt a la damerne som passer toiletterne. Det var et privatfirma der drev denne såkaldte gæsteservice. Det har dog været gratis at sætte sig på en bænk eller stol i parken siden 1956.

Johann Strauss i Stadtpark

Stadtpark

Parken har en lang række mindesmærker, herunder parkens berømte gyldne statue af valserkongen Johann Strauss Sohn, som stammer fra 1921. Det kan være svært at få lov til at se statuen i fred, især hvis man kommer samtidig med et par busfulde med selfihungrende turister, der kun kommer i parken for at få billeder med den gyldne violinist og komponist. Så mit råd... men sig det ikke højt... kom en søndag morgen, så kan man få det hele næsten for sig selv, på nær de lokale, der går eller løber en tur i parken. Parkens hovedattraktion er dog indramningen af flodlejet, som blev tegnet af arkitekterne Friedrich Ohmann og Josef Hackhofer fra 1903 til 1907. U-banestationen Stadtpark, som blev tegnet af Otto Wagner, er den eneste langs strækningen U4, der stadig står, som da den blev opført.

Kursalon
Johannesgasse 33 • 1010 Wien

På arealet udenfor Karolinenstadttor, der blev kaldt for Wasserglacis, stod der en kurpavillon, som uddelte helbredende vand til drikkekure. I 1865-1867 blev der i Stadtpark opført en Kursalon efter Johann Garbens tegninger. Kursalonen blev indviet i maj 1867. Desuden var der en glaspavillon, Park-Salon, som blev drevet af Heinrich Wilda. Men efter godt 4½ år lukkede Park-Salon og man solgte, med succes, inventaret. På stedet blev der herefter lagt 25 Kubikklafter, som svarer til 89,3 m³ belægningssten i stedet. Kursalonen

var i mange år et yndet danse- og koncertsted, hvor blandt andet brødrene Strauss spillede op til dans. Efter en renovering er Kursalonen atter et sted, hvor der afholdes baller, koncerter, klubaftener og kongresser, derudover er der en café og restaurant.

Stadtpark Atzgersdorf
Gerberstraße 1 • 1230 Wien

Stadtpark Atzgersdorf er beliggende i Atzgersdorf i 23. Bezirk, Liesing. Parken, som er cirka 2,7 hektar stor, er anlagt på en tidligere campingplads i Breitenfurter Straße. I begyndelsen af 1800-tallet havde tekstiltrykker Josef Klein sin virksomhed på området. Den jødiske købmand Gustav Pollak, som ejede varehuset *Pollak* på Kohlmarkt, købte Josef Kleins fabrik i 1887. Gustav Pollak forvandlede tekstilfabrikken til en lædervarefabrik, som var i drift frem til 1926. I nærheden af sin fabrik fik Josef Klein opført en villa i første halvdel af 1800-tallet. Denne villa fulgte med, da Gustav Pollak købte fabrikken, og valgte at få haven udvidet. Gustav Pollak døde i 1933, og i 1938 blev villaen *ariseret* efter tyskernes annektering af Østrig, og solgt. Gustav Pollaks enke begik i 1941 selvmord sammen med de to af parrets børn, mens det lykkedes datteren Vera Pollak at komme til USA. Villaen blev revet ned i 1968, hvorefter grunden blev forvandlet til en campingplads, som blev omdannet til en park og navngivet Stadtpark Atzgersdorf i 2023.

STEINHOFGRÜNDE
Baumgartner Höhe 1 • 1140 Wien

Steinhofgründe er et 42 hektar stort område, som tidligere var en del af området ved det tidligere Sanatorium Baumgartner Höhe og Otto-Wagner-Spital, som siden 2020 har været Klinik Penzing, i 14. Bezirk, Penzing. Området blev tidligere benyttet som gartneri, derfor finder man stadig gamle frugttræer her, siden 2009 har Wiens skovvæsen plantet 400 nye frugttræer, som alle er regionale sorter. I området lå der tidligere et stenbrud, Ottakringer Steinbrüch, med tilhørende stenlager. Steinhofgründe kaldes også for Am Spiegelgrund eller for Baumgartner Höhe.

Baumgärtner Höhe... ja, det lyder da meget idyllisk, men det er det ikke, når man først begynder at tjekke op på stedets historie. Baumgartner Höhe er beliggende i den vestlige del af Wien, nærmere i bydelen Penzing, 14. Bezirk. Fra Volkstheater i hjertet af Wien tager det cirka 30 minutter med bussen derud. Jeg blev oprindelig gjort opmærksom på kirken, Kirche am Steinhof, at det var et sted jeg burde se nærmere på. Men jeg har det sådan lidt med kirker... det er bedre at sidde på kroen og tænke på kirken, end at sidde i kirken og tænke på kroen. Det er ikke et sted jeg lige frem overrender, det vil sige herhjemme, men når jeg er ude at rejse, besøger jeg gerne kirkerne, ikke til gudstjenester/messer, men for at se de dekorerede lofter. Kirche am Steinhof synes jeg

lå langt væk fra byen, derfor stod det længe på min liste over måske. Lige indtil jeg begyndte at læse om området, så blev min interesse vakt, og hvis man har bare læst et par af mine andre bøger, så kan man måske gætte, at det kunne have noget med historie at gøre, og den lidt mere dunkle side af historien. Det er nemlig fuldstændig rigtigt, stedet har en lang og hårrejsende historie bag sig, og det er et sted, jeg ikke ønsker at komme om aftenen... forklaringen følger... Både Kirche am Steinhof og bebyggelsen omkring er tegnet af arkitekten Otto Wagner, som også var manden bag Wiens bybane samt en lang række bygninger inde i Wien.

OTTO WAGNER SPITAL
Nu tilbage til hospitalskomplekset, som også hedder Otto-Wagner-Spital. Det blev tegnet af arkitekt Otto Wagner, det stod færdig i 1907 efter tre års byggetid, indviet samtidig med kirken. I starten blev hospitalet blot kaldt for Steinhof. Det blev opført som rekreationsanstalt og nerveklinik for livstrætte wienere. Det var på dette tidspunkt den mest moderne og største af sin art i hele Europa. Der var svømmebassin, kirke, teater samt et såkaldt selskabshus. Der blev opført flere pavilloner omkring hospitalet, 26 styks samt talrige andre bygninger. Efter Første Verdenskrig blev sanatorium delen for private patienter lukket ned, og der blev åbnet et psykiatrisk sygehus samt en lungeklinik på området. Blandt hospitalets *gæster* var blandt

Otto Wagners Steinhofkirche

andet flere af Sigmund Freuds patienter, herunder *Ulvemanden*.

Da nazisterne annekterede Østrig i marts 1938, blev hospitalsområdet omdøbt til *Am Spiegelgrund*, som officielt var et sygehus for psykisk syge børn. Der blev også indrettet en børneklinik, hvor man udførte uhyrlige forsøg. Blandt hospitalets læger var den østrigske børnelæge Hans Aspergers, manden som har lagt navn til Aspergers-syndromet. Efterfølgende har forskning ført til afsløringen, at Hans Aspergers medvirkede til naziregimets forbrydelser og dermed også skyld i, at adskillige psykisk syge børn blev sendt i døden. Bag forskningen stod den østrigske forsker Herwig Czech fra Wiens medicinske universitet, som i årevis har gennemgået hundredvis, hvis ikke tusindvis af patientjournaler. Blandt de mange journaler var om den blot 3 årige Herta, som i 1941 var indlagt på Spital am Spiegelgrund. I journalen havde Hans Aspergers skrevet, at Herta led af idioti og spastiske kramper, og en anbringelse på Am Spiegelgrund var en nødvendighed. Blot to måneder senere var Herta død. I løbet af Anden Verdenskrig gennemgik mange børn samme skæbne som den lille Herta. Størstedelen af børnene blev anbragt her med den begrundelse, at de var *uværdige til at leve*. Dette var en af nazisternes læreregler.

En anden af lægerne på hospitalet under nazitiden var Dr. Gross, som var ledende læge på børnesanatoriet, som dog mere var en nazistisk opdragelsesanstalt, hvor *vanskelige* og syge børn blev indlagt og dræbt. Dr. Gross skulle eftersigende have været manden, der stod bag utallige drab på handicappede eller utilpassede børn og unge. I dag er det helt uhørligt at tænke på, at den selvsamme Dr. Gross, blot få år efter Anden Verdenskrigs afslutning, fik lov til at vende tilbage som læge på samme hospital, nemlig Otto-Wagner-Spital. Hvorfor kunne han dog få lov til det? Er der sikkert mange der spørger sig selv om. Det korte svar er...der manglede kvalificerede læger, det er også det eneste svar, som jeg har kunne finde frem til. Senere fandt man i hospitalets kælder 400 hjerner fra børn, som Dr. Gross havde benyttet som forskningsmateriale under krigen. Egentlig havde man aldrig holdt *samlingen* af børnehjerner skjult, det var kendt blandt menig mand, men man havde aldrig grebet ind. Hvorfor? Tja, muligvis fordi man ikke ønskede at skille sig ud fra mængden ved at fortælle om det til offentligheden. I år 2002 blev børnehjerner begravet.

Det var ikke nok, der blev også gennemført talrige umenneskelige forsøg med levende personer som forsøgskaniner, mange blev tvangssteriliseret, og cirka 4.300 patienter blev tvunget med i nazisternes program T4. T4 var betegnelse for et program, hvor regimet, fra 1939 til 1941, systematisk udsatte fysisk og psykisk handicappede for medicinske forsøg, udsatte dem for systematisk underernæring, bevidst fejlernæring samt afprøvede forskellige former for aflivningsmetoder. Mange af disse var børn. 3.200 af de der kom til Am Spiegelgrund i Wien blev sendt til de såkaldte fornægtelseslejre. Fra 1. november 1941 blev der oprettet en arbejdsanstalt for asociale kvinder her. Kvinderne skulle gennem en såkaldt arbejdsterapi, hvor opgaverne var alt lige fra køkkenarbejde, til kultransport og anlæggelse af veje. Efter krigens afslutning forsøgte man at skjule for offentligheden, hvad der egentlig var sket. Hospitalet skiftede navn først til Baumgartner Höhe og senere til Otto-Wagner-Spital.

I 1960erne kom der udover den psykiatriske afdeling, også afdelinger for kirurgi, ortopædkirurgi samt medicinske afdelinger. I 2012 kom det frem, at der ville ske ændringer og sammenlægninger med andre syge-huse og plejeafsnit. Dele af området blev til Klinik Penzing i 2020. Men om stedet er sygehus, universitet eller noget helt tredje, kan man ikke fjerne historien fra stedet. Man forsøger heller ikke længere at skjule fortiden. Der er i en af pavillonerne, Pavillon 5, indrettet en udstilling om hvad der skete under krigen. Selvom det er et hospital, så er der offentlig adgang til området, men det er en anelse besværligt at finde rundt blandt de mange bygninger. Men hvis man kommer med bussen, 48 A, så stå af ved stoppestedet Otto-Wagner-Spital, gå gennem porten og så er det ellers op ad bakke til kirken. Når man går rundt på området, så husk det er et hospitalsområde.

GEDENKSTÄTTE STEINHOF
www.gedenkstaettesteinhof.at

Steinhof, Baumgartner Höhe og Otto-Wagner-Spital, gemmer som

Gedenkstätte Steinhof

nævnt, alle på en mørk og dyster historie. Under Anden Verdenskrig bestræbte nazisterne sig på at udrydde alle personer der, i deres øjne, ikke havde de rigtige gener eller blev betegnet som mindreværdige, personer som handicappede eller vanskelige børn. 789 børn og unge mistede livet her. Der findes en udstilling, som ikke egner sig for børn og sarte sjæle, men det er en af de få udstillinger, der beskæftiger sig med nazisternes besættelse af Wien fra 1938 til 1945. Ved hospitalets teaterbygning finder man et område som kaldes for *Monument für die Euthanasieopfer am Spiegelgrund*, det er en lysinstallation med 772 lysinstallationer, der skal mindes os alle om de mange børn og unge der mistede livet under deres ophold på børneklinikken Am Spiegelgrund fra 1940 til 1945. Lysinstallationerne, som symboliserer det evige lys, blev afsløret i november 2003.

STERNWARTEPARK
Edmund-Weiß-Gasse 2 • 1180 Wien

Sternwartepark er et 58.891 m² stort område i 18. Bezirk, Währing, som er en del af Wiens Universitets stjerneobservatorium i nærheden af Cottageviertel i Währing, nærmere præcis på Türkenschanze. Området er kun åbent for offentligheden i hverdagene. Universitätssternwarte Wien, der som navnet antyder er et stjerneobservatorium, som drives af Instituttet for astrofysik på Wiens Universitet, der i øvrigt også driver Leopold-Figl-Observatorium, som

er beliggende på bakketoppen med det særprægede navn, Schöpfl, der er beliggende i Wienerwald. Universitätssternwarte Wien blev grundlagt i 1755 under kejserinde Maria Theresias regeringstid, dengang hed det *Observatorium Caesareo-Regium Viennense*. Stjerneobservatoriet lå oprindeligt på taget af det gamle universitet, Alten Universität, på Dr.-Ignaz-Seipel-Platz i hjertet af Wien. Men i 1874 begyndte man at flytte observatoriet til dens nuværende placering. Observatoriet var det første universitetsobservatorium i den tysktalende verden. Årsagen til, at man valgte at flytte stjerneobservatoriet skyldes, at der begyndte at være for meget forstyrrende lys fra gadelamperne, som i 1800-tallet stadig var et relativt nyt begreb.

Da observatoriet på Türkenschanze blev indviet i 1883 havde de verdens største teleskop. Stjerneobservatoriet på Türkenschanze blev tegnet af arkitekterne Fellner & Helmer, der indtil da var mest kendt for at tegne teater- og koncerthaller. Byggeriet består af en 14 meter stor hovedkuppel, med tre mindre kupler mod nord, vest og øst, mens der i sydfløjen blev indrettet boliger og arbejdsrum til astronomerne. Observatoriet har en længde på 101 meter og en bredde på 73 meter, og er i dag blandt de største lukkede stjerneobservatorier i verden. Der blev undervist i astronomi længe før det første stjerneobservatorium blev opført i 1755. Wiens Universitet blev grundlagt i 1365, og fra

1391 til 1882 kunne de studerende gå til forelæsninger om emnet *Über Himmel und Erde*. Nu skrev jeg godt nok, at det første stjerneobservatorium blev opført i 1755, men faktisk havde Jesuitermunkene interesseret sig for himmelrummet siden 1551. I 1714 indrettede de et museum, *Museum mathematicum*, med optiske, astronomiske, geodætiske og geometriske apparater samt en samling med jord- og himmelglober. I 1733 blev der på taget af universitets kollegium bygget et stjerneobservatorium, det var Wiens første observatorier i Wien. I 1773 blev kollegiets stjerneobservatorium lagt sammen med universitets stjerneobservatorium. På hjørnet af Bäckerstraße og Postgasse i 1. Bezirk, kan man stadig opleve det oprindelige tårn som Jesuitterne benyttede til deres stjerneobservatorium. På taget over den nye aula på det østrigske akademi for videnskab, som er beliggende på Dr.-Ignaz-Seipel-Platz, ved siden af Jesuitenkirche, var stedet, hvor det nuværende Universitätsternwarte oprindeligt lå.

STRAUSS-LANNER-PARK
Billrothstraße 79 • 1190 Wien

Strauß-Lanner-Park er en cirka 8.547 m² stor park i krydset mellem Grinzinger Allee og Sieveringer Straße i 19. Bezirk, Döbling. Parken blev anlagt på den tidligere kirkegård i Döbling og åbnede i 1928. I parken er der en legeplads med blandt andet en sandkasse, gynger og vipper. Friedhof Döbling var stedet,

hvor komponisterne Johann Strauss Vater (1804-1848) og Joseph Lanner (1801-1843) blev stedt til hvile, men i 1904 blev deres kister gravet op og flyttet til Wiener Zentralfriedhof, men deres oprindelige gravsten er en del af parkens mindelund.

TIGERPARK
Tigergasse • 1080 Wien

Mellem Tigergasse og Pfeilgasse finder man den mindste park i 8. Bezirk, Josefstadt, nemlig den blot 1.600 m² store Tigerpark. Det er ikke en park, som man normalt vil forbinde med en park, da den er beliggende på taget af et parkeringshus, der blev opført i 1995 på et område der tidligere havde huset en fabrik.

TRYGVE-LIE-PARK
Bergengasse 1 • 1220 Wien

Trygve-Lie-Park er en park på godt 4.000 m² i Aspern, 22. Bezirk, Donaustadt. Parken er beliggende i sydøst for det norske kvarter, Norwegerviertel, som blev anlagt i 1990erne. Parken er opkaldt efter den norske politiker Trygve Lie. Området, hvor parken i dag befinder sig, var oprindeligt et sumpet engområde ved en af Donaus bifloder. Efter reguleringen af Donau opstod der et nyt landområde, som i flere år fungerede som landbrugsjorde. I midten af 1990erne blev der, på de tidligere landbrugsjorde, opført flere boligområder samt en skole, og de nyanlagte veje blev opkaldt efter norske byer, såsom Bergengasse, Hammerfestweg, Hortengasse, Osloplatz, Sandefjordgasse, Stavangergasse, Tönsbergweg samt Trondheimgasse. Det førte til, at wienerne begyndte at kalde det nye kvarter for det norske kvarter eller Norwegenviertel. På et område mellem dampkraftværket Donaustadt og kraftværket Simmering blev det besluttet at anlægge en park. Man valgte landskabsarkitekterne Jakob Fina og Barbara Bacher til at tegne parken. Da parken skulle navngives faldt valget på den norske politiker Trygve Lie (1896-1986), som fra 1946 til 1953 var den første generalsekretær for FN. I parken finder man blandt andet en plads, hvor ungdommen mødes for at spille streetbold, derudover er der en legeplads.

TÜRKENSCHANZPARK

Hasenauerstraße • 1180 Wien

Türkenschanzpark er en park, der blev åbnet for offentligheden i 1888, og beliggende på Türkenschanze. Türkenschanze, som tidligere hed Hohe Warte eller Hohenwarth, er et plateau i den 18. Bezirk, Währing, som en del af Wienerwald. Stedet blev nævnt første gang i et købsdokument af 25. februar 1268, da en hr. Dietmar Hopfer købte en vingård for den nette sum af 30 Pfennige. Tilbage i 1299 blev der åbnet et stenbrud i nærheden af Türkenschanze, som indtil 1708 var ejet af den regerende kejser. Stenbruddet blev i 1708 foræret til munkene i Schwarzspanierordenen. I stenbruddet blev der brudt sandsten af høj kvalitet.

Stenbruddet leverede i århundrede byggematerialer til Wiens befæstningsanlæg og blandt andet også til Karlskirche. Krudt, kugler og sandsten var ikke det eneste som kom fra Türkenschanze, der var også flere vingårde, som leverede vin til både wienerne, men også til udlandet. Allerede i 1671 blev der eksporteret vin fra Währing og Hernals til Holland, dette kunne man takke kejser Leopold den Første for.

Navnet Türkenschanze kom først i 1649. Det menes, at stedet blev anvendt af de tyrkiske tropper, under den første tyrkiske belejring i 1529, som proviant- og krudtmagasin. Under den anden tyrkiske belejring, i 1683, oprettede tyrkerne hurtigt et befæstningsanlæg her for at holde fjenden, det vil sige den østrigske hær og deres hjælpere, på afstand, men efter en bitter kamp den 12. september 1683 kunne den østrigske hær, under ledelse af Karl von Lothringen, indtage den tyrkiske stilling. I slutningen af det 19. århundrede blev der fundet flere massegrave med tyrkiske soldater. Skansen blev i flere år efter den tyrkiske belejring i 1683 anvendt til militære formål, blandt andet af den østrigske kejsers hær, som benyttede området til krudtlager. I 1802 skete der en eksplosion i et af krudtlagerne i nærheden af Weinhaus, som førte til at flere omkom, men man fortsatte med at benytte området indtil 1890erne. I 1870erne begyndte man at opføre boliger på den del af skansen, som er beliggende mellem

Während og Döbling, nemlig den første Cottageviertel. I 1870erne begyndte man også at opføre et stjerneobservatorium her. *Læs eventuelt mere på side 83 i denne bog.*

Ideen til, at der skulle anlægges en park på Türkenschanze, kom i 1883 fra arkitekt Heinrich von Ferstel (1828-1883), og der blev dannet en komité som kun havde et formål, nemlig at få anlagt en park. Efter Heinrich von Ferstels død i juli 1883, blev der dannet en forening, som i oktober 1883 havde 42 medlemmer, blandt dem var arkitekt Carl von Hasenauer, borgmesteren i Oberdöbling og borgmesteren i Währing, samt en række advokater, forfattere, publicister og meget mere. Foreningen samlede penge ind, og fik stadsgartner Gustav Sennholz (1850-1895) til at skabe parken. Man begyndte anlæggelsen af parken i engelsk landskabsstil i 1885, hvor man blandt andet fyldte de cirka 2½ meter dybe skyttegrave op, mens man andre steder gravede man jord af, som blev blandt andet blev benyttet til at skabe et kunstigt bjerg, hvor man rejste Paulinenwarte, et udsigtstårn opkaldt efter dets sponsor Pauline von Metternich. I slutningen af september 1888 kunne kejser Franz Joseph den Første indvie parken. I december 1892 overgik parken til Wiens kommune, efter Währing og 40 andre forstæder i januar 1892 var blevet indlemmet i Wien. I 1908 blev parken udvidet, og fra 1926 til 1991 var der et friluftsbad i parken. Parken rummer i dag damme, bække, springvand, en lang række mindesmærker, boldpladser samt en skaterpark.

VOLKSGARTEN
Josef-Meinrad-Platz • 1010 Wien

Wien er en by med mange grønne områder og parker. En af disse er den 5 hektar store Volksgarten, som er beliggende ved Burgtheater og Neue Burg, i hjertet af Wien. Haven, eller parken, blev anlagt i perioden fra 1819 til 1823, som i starten blot var området omkring Theseustemplet, på et område som tidligere havde været en del af befæstningsanlægget omkring Hofburg samt ved den tidligere befæstede bymur. I årene 1596-1597 blev der i den østlige del af den nuværende park opført en Kurtine, (*se ordforklaring på side 23*). I 1639-1659 blev der i den nuværende parks sydlige ende opført en skanse, Burgschanze, som var et fritstående bolværk, som var opført under vanskelige terrænforhold. Burgschanze blev under de franske troppers fremrykning i 1809 sprængt i stykker, men blev først fjernet, delvist, i 1817. I årene 1817-1821 opførte man Hornwerkkurtinen, på indersiden af befæstningen opstod der et område, som blev til det vi i dag kender som Volksgarten.

Haven var oprindeligt tænkt som en privat have til ærkehertugen, men kejser Franz den Første fremlagde et forslag hos hoffets daværende haveforvaltning, at den nye park skulle være for alle... og sådan blev det. Da parken slog sine porte op den 1. maj 1823 var det den første offentlige park, som var ejet af hoffet. Parken fik i 1825 sit nuværende navn Volksgarten, folkets have. Det var hoffets gartner Franz Antoine den Ældre der, under ledelse af Ludwig von Remy, stod for anlæggelsen af haven med de strenge geometriske veje, der gjorde det nemmere at overvåge havens besøgende. I årene 1863 og 1883 blev haven/parken udvidet til den nuværende størrelse.

Midt i haven blev der i 1819-1823 opført et tempel, Theseustemplet, som blev tegnet af Peter von Nobile. Templet husede oprindeligt Antonio Canova-Theseus skulptur, som i dag kan opleves på Kunsthistorisches Museum. Efter man omkring 1860 rev den ene kurtine ned, blev det muligt at udvide parken i retning ud mod den nye Ringstraße. Det var Franz Antoine den Yngre der stod bag udvidelsen af haven, som blev anlagt i fransk barokstil. Haven blev i 1864 forsynet med et hegn, som blev tegnet af Moritz Löhr. Der lå planer om at bygge en række huse langs Löwelstraße, men denne plan blev afvist af borgmester Cajetan Felder. Parkens springvand var oprindeligt udtænkt af en anden kunstner, men da denne ikke længere havde mulighed for at udføre sine tanker, valgte man stenhugger Joseph Haslauer fra Salzburg til at skabe brønden. Brønden blev udhugget af et stykke rødligt marmor fra Untersberg. Bronzearbejdet blev udført af Eduard Kitschelt og Anton

Wasserburger stod for opbygningen af springvandets vandforsyning. Desuden er der en statue af kejserinde Sisi, opsat i 1907, samt en statue af den østrigske forfatter og dramatiker Franz Grillparzer.

I 1872 blev kurtinen ved den tidligere Paradeisgartl revet ned, og den store monumentale port blev flyttet til Schönbrunn. Det gav plads t l en udvidelse af Volksgarten, som skete under Franz Antoine den Yngres ledelse i 1883-1884. Denne del af haven blev redesignet af Friedrich Ohmann i 1903-1907. Det er måske de færreste som ved det, men Burgtheaters ventilationsanlæg forløber i et underjordisk system, der ender et sted i Volksgarten. Der var planer om, at Volksgarten skulle vie pladsen for Kaiserforum, en ny fløj til Hofburg. Men så kom Første Verdenskrig og siden det Østrig-ur garske monarkis opløsning, og planerne om et kejserforum, Kaiserforum, blev aldrig realiseret. *Læs om Kaiserforum på side 89 i denne bog.*

Efter monarkiets fald i 1918 blev driften af Volksgarten overtaget af Republikken Østrig, og drives i dag af Forbundsministeriet for landbrug, skovbrug, miljø og vandforvaltning. Volksgarten, med sine mange roser, har siden år 2000, været fredet under det østrigske Denkmalschutz, og i 2001 blev haven en del af UNESCOs Verdenskulturarv sammen med Wiens historiske centrum. I Volksgarten finder man udover en masse smukke roser også flere træer,

Volksgarten

herunder *Morgenländische Platane* (platanus orientalis), som er et stort platantræ i midten af haven. Træets krone er cirka 20 meter i diameter og træstammen er cirka 3,6 meter i diameter. Træet er fredet og er registreret med nummer 376 i Wiens træregister.

I slutningen af Anden Verdenskrig blev Volksgarten forvandlet til en gravplads for de sovjetiske soldater, der blev dræbt under befrielsen af Wien i 1945. De fleste af de begravede soldater fra den Røde Hær, som var faldet i kamp, var menige soldater, men ganske få officerer blev også stedt til hvile her, midlertidigt, gravstederne blev forsynet med hvide gravsten med navnene på de faldne. Parken var gravplads indtil 1956, hvor alle grave blev gravet op og kisterne blev flyttet til Wiener Zentralfriedhof, til området som hedder Gruppe 44. Under krigen blev parken også ramt af krudt og kugler. Gartnerne støder med jævne mellemrum på projektiler og granatsplinter i træerne, når de skal beskæres.

ROSENHAVEN

Ja, man kunne sagtens have kaldt Volksgarten for Rosenhaven, og med god grund. Der findes mere end 3.300 roser i hele haven, fordelt på godt 200 forskellige sorter. Herunder en rosenbusk, som i år 2000 blev flyttet fra Karl Renners fødehjem i Dolní Dunajovice i Tjekkiet, som tidligere havde været en del af Østrig. Da busken blev flyttet var den godt 80 år gammel, og var en gave fra det

---

østrig-tjekkiske selskab. De fleste roser står langs med gangstierne i parken, og foran roserne står der stole, som man er meget velkommen til at sætte sig på. Men det har ikke altid været gratis at sætte sig på stolene... i hvert fald ikke uden at betale et såkaldt sædegebyr eller *Sesseln Gebühr* til de såkaldte *Sesselweibern*, som kan oversættes til *stoledamerne*, lidt a la damerne som passer toiletterne, men siden 1950erne har det været gratis at sætte sig på en bænk eller på en af de mange stole i parken. Det var i øvrigt ikke kun her i Volksgarten der

89

fandtes Sesselweibern, de fandtes i alle offentlige parker i Wien. Det er svært at nævne alle de mange rosensorter, men hvis man går en tur rundt i haven, så er der skilte med rosernes navne. Desuden kan man på skiltene se navnene på en masse personer, det er såkaldte sponsorer, som betaler cirka 300 Euro for en femårig periode. Men jeg kan nævne nogle få af navnene på rosensorterne, der er Aachener Dom, Amber Sun, André le Nôtre, Athena, Ballade, Ballet, Baronne E. de Rothschild, Black Lady, Cesar, Champagner, Charleston, Cherry Brandy, Cherry Lady, Chippendale, Constanze Mozart, Diana, Donau, Eifelturm, Flamingo, Goldelse, Ingrid Bergman, Johann Strauss, Kronprinzessin Victoria von Schweden, Pink Floyd, Queen Elisabeth, Sophia Loren, Zitronenjette og mange flere. Den ældste skulle eftersigende være en rose, Rubens, fra 1859. I løbet af et år, er der cirka 50 roser som må skiftes ud grundet sygdom, alder eller frostskader. De roser, som kan flyttes, bliver kørt i depot i Burggarten, mere præcis under Palmehuset, hvor de står pakket ind i blandt andet gamle kakao- eller kaffesække.

VOLKSPARK LAAERBERG
Endlichergasse 6 • 1100 Wien

Volkspark Laaerberg er beliggende for foden af Laaer Berg, som er en del af Wienerwald. I parken finder man en stor dam, legepladser og toiletter. I begyndelsen af 1920erne blev området også benyttet til filmoptagelser, især film-

selskabet Sascha-Filmindustrie optog stumfilm ved dammen, derfor kaldes dammen også for Filmteich. Det cirka 40 hektar store område er indhegnet, og har været offentligt tilgængeligt siden 1982. Parken er åben fra solopgang til solnedgang, og hunde har ingen adgang i parken.

WALDMÜLLERPARK
Landgutgasse 61 • 1100 Wien

Waldmüllerpark er en cirka 40.000 m² stor park mellem Landgutgasse og Dampfgasse i 10. Bezirk, Favoriten. Parken blev i 1922 anlagt på stedet, hvor den lukkede katolske kirkegård Matzleinsdorfer Friedhof havde ligget. Parken blev indviet i oktober 1923 af Wiens borgmester Jakob Reumann. Til minde om den tidligere kirkegård, har man bevaret en del af kirkegårdsmuren, et lysthus samt en pergola. Kirkegården i Matzleinsdorf blev anlagt i 1784, efter kejser Joseph den Anden i 1783 havde besluttet, at alle kirkegårde på indersiden af Linienwall skulle lukkes på grund af hygiejniske årsager, herunder smittefare, hvis nu der igen udbrød en pestepidemi. Som erstatning for de lukkede kirkegårde blev der oprettet fem nye kommunale kirkegårde, hvor Matzleinsdorfer Friedhof var en af dem.

Kirkegårdens areal var omkring 40.000 m², og dermed den næstmindste af de fem nye kirkegårde. 1874 var det slut med de kommunale kirkegårde, da man havde valgt at anlægge en stor central kirkegård,

Wiener Zentralfriedhof. I 1879 blev kirkegården lukket for fremtidige begravelser og i 1922 besluttede Wiens byråd, at de fem tidligere kommunale kirkegårde skulle omdannes til parker. Gravene blev sløjfet og flyttet, og gravstene med den største historiske eller kunstneriske værdi blev flyttet til en mindelund, hvor man kan se omkring 100 gravsten, blandt dem finder man Joseph Daniel Böhm, Nikolaus Johann van Beethoven (Ludwig van Beethovens bror) samt Ferdinand Georg Waldmüler, som man har opkaldt parken efter.

WEGHUBERPARK
Lerchenfelder Straße 3 • 1070 Wien

Nordøst for Palais Trautson finder man den godt en hektar store park, Weghuberpark, som er det største parkanlæg i 7. Bezirk. Parken er 8.900 m² stor, der er en hundepark på 238 m² og flere springvand. Parken er opkaldt efter Albert Weghuber, der var kaffehandler. I 1840 opførte Albert Weghuber et kaffehus på det areal, hvor man i dag finder parken. Virksomheden, der var under ledelse af sønnen Albert Weghuber junior, gik konkurs i 1865. Herefter købte byen Wien dele af området og anlagde parken her. Dele af parken blev i 1887 inddraget i forbindelse med opførelsen af Volkstheater. Efter Anden Verdenskrig blev adgangen til parken begrænset, da der skulle gøres plads til en midlertidig bygning til FN organisationen *UNIDO (United Nations Industrial Development Organization)*. Men da den nye bydel UNO-City opstod i slutningen af 1970erne flyttede *UNIDO* til lokaler der. I 1981 kunne Weghuberpark atter åbnes op for offentligheden. I 2018 blev legepladsen endda gjort handicapvenlig, således at børn med udfordringer også kan benytte legepladsen, der er desuden en særlig kørestolsvenlig karrusel. Der er boldbaner med fodboldmål, basketballkurv, volleyball samt en bane til pétanque/boccia.

I parken finder man også flere mindesmærker, et af dem er for skuespilleren og forfatteren Ferdinand Raimund, som kunstneren Franz Vogl skabte i sten. Mindesmærket står på hjørnet af Neustiftgasse og Museumstraße. Skulpturen stod oprindeligt foran Volkstheater, men blev flyttet til Weghuberpark i 1938. Ferdinand Raimund skrev blandt andet flere lystspil, hvoraf flere blev opført på det Kongelige Teater i København. Hans lystspil *Der Diamant des Geisterkönigs* blev bearbejdet af vores egen Hans Christian Andersen i 1840, og på dansk blev stykket til en moralsk folkekomedie, *Meer end Perler og Guld* hed stykket på dansk, som blev opsat på Casino i København i 1849. Et andet mindesmærke i parken er for Anton Wildgans, som kunstneren Ferdinand Welz skabte i 1982. Anton Wildgans, eller Anton Otto Georg Ritter von Wildgans, var østrigsk lyriker og dramatiker. Han var direktør for Burgtheater af to omgange og nomineret til Nobelprisen i litteratur. Portrætbusten blev afsløret i anledningen af 50 året for Anton Wildgans' død. Busten står på hjørnet mellem Museumsstraße og Lerchenfelder Straße.

WERTHEIMSTEINPARK

Döblinger Hauptstraße • 1190 Wien

Wertheimsteinpark er et cirka 62.500 m² stort parkanlæg øst for Döblinger Hauptstraße i Oberdöbling, 19. Bezirk Döbling. I parken finder man en lang række gamle planter, men også eksotiske planter. Parkens historie går tilbage til 1833, da tekstilfabrikant Rudolf von Arthaber (1795-1867) købte herregården Tullner Hof. I 1834-1835 ombyggede han herregården, som senere blev kendt som Villa Wertheimstein og anlagde en privat have, hvor der også blev opført et palmehus samt et drivhus, som var de første privatejede i Østrig, disse eksisterer ikke længere. Senere købte han den nærliggende gård, som var ejet af klosterordenen Kamaldulenserne, og udvidede parken. I villaen havde Rudolf von Arthaber plads til sin private malerisamling, som var den næststørste private samling i Wien. Blandt Rudolf von Arthabers mange gæster var der personer fra det bedre borgerskab samt medlemmer fra kejserfamilien.

Efter Rudolf von Arthabers død i 1867 blev hans malerisamling solgt og Leopold Ritter von Wertheimstein (1801-1883) og fru Josephine (1820-1894) købte villaen af arvingerne. Leopold Ritter von Werthe-imstein var bankmand, finansrådgiver og konsul. Leopold Ritter von Wertheimstein og fru Josephine afholdt litterære selskaber, Salon Wertheimstein, som var besøgt af en lang række personer fra det bedre borgerskab samt af kendte personligheder. Deres litterære selskaber udviklede sig til Wien liberale centrum. Efter fru Josephines død i 1894 førte datteren, Franziska von Wertheimstein (1844-1907), huset og selskaberne videre. Franziska von Wertheimstein testamenterede villa og park til byen Wien, således at parken ville forblive åben for offentligheden. Parken blev åbnet for publikum i juni 1908 og i juni 1912 blev biblioteket åbnet. Parken blev fra 1938 til 1945 kaldt for Dietrich-Eckart-Park, men efter Anden Verdenskrig blev parkens navn atter til Wertheimsteinpark. I 1959 blev der indrettet en sanse-/blindehave i parken, den første i Centraleuropa, men store dele af denne eksisterer ikke længere. Siden 1964 har det lokale bydelsmuseum haft til huse i villaen.

WETTSTEINPARK

Margit-Czernetz-Promenade
1020 Wien

Wettsteinpark er et cirka 16.000 m² stort parkanlæg i 2. Bezirk, Leopoldstadt. Parken befinder sig mellem Donaukanalen, Oberen Donaustraße, Siemens-Nixdorf-Steg og Rossauer Brücke. Parken er opkaldt efter den østrigske botaniker og professor Richard Wettstein. Parken er beliggende på et område, som opstod efter man regulerede Donau i 1870erne. Området blev i slutningen af 1800-tallet benyttet som lagerplads for træ og senere for sten. I den sydlige ende af området blev der i 1886 anlagt en station på dampsporvognslinien, som fra 1901 fungerede som afgangssted i retning mod Stammersdorf. Fra 1903 til 1933 lå der nord for Augartenbrücke et marked, Schanzlmarkt, der måtte flytte fra dens oprindelige placering ved Donaukanalen, da man byggede bybanen, Stadtbahn. Parken har siden 1934 også haft en rosenhave, et såkaldt Rosarium, som man i 1996 valgte at anlægge på ny. I rosenhaven, der er cirka 1.300 m² stor, finder man 317 forskellige rosesorter. Den ældste rose stammer fra år 1900, og er en klatrerose, der hedder *Alberic Barbier*. Da man i 2015 begyndte på en tre år lang renovering af parken, valgte man at erstatte en lang række roser med andre blomster, buske og træer, hvilket ikke var helt populært.

WILHELMSDORFER PARK
Aßmayergasse • 1120 Wien

Wilhelmsdorfer Park er en cirka 15.000 m² stor park i 12. Bezirk, Meidling. Parken er opkaldt efter den tidligere forstad Wilhelmsdorf, som i 1890 blev indlemmet i Wien. Parken er beliggende i området mellem Aßmayergasse, Flurschützstraße og Karl-Löwe-Gasse. Parken kaldes i folkemunde også for Deckerpark, da gaden Deckergasse, i parkens østli-

ge ende, forbinder parken med Längenfeldgasse. I parken finder man Wilhelm Beetz' såkaldte *Bedürfnisanstalt* fra 1909. *Bedürfnisanstalt* er et andet ord for *toiletfaciliteter*. Parken blev anlagt i 1909 og åbent for offentligheden.

WÄHRINGER PARK
Mollgasse • 1180 Wien

Währinger Park er en cirka 52.000 m² stor park i 18. Bezirk, Währing. Parken er beliggende mellem Mollgasse, Gymnasiumstraße, Philippovichgasse og Semperstraße, på grænsen til 19. Bezirk, Döbling. Währinger Park var oprindeligt en kirkegård, hvor en række prominente wienere blev stedt til hvile. Blandt dem var Emanuel Schickaneder, der skrev teksterne til Wolfgang Amadeus Mozarts opera *Tryllefløjten*. Derudover blev opfinderen af den kunstige blyantstift, Joseph Hardtmuth, samt Karl Ritter von Ghega, som byggede Semmeringbahn, også begravet her. Kirkegården blev anlagt i 1783, og var egentligt ment som en kirkegård, hvor afdøde borgere fra sognene Schotten, Rossau, Lichtental og Alsergrund samt de der døde på hospitalet AKH, *Allgemeinen Krankenhaus*, samt det militære hospital, Garnisonspital. På grunden ved siden af den nye kirkegård i Währing lå den jødiske kirkegård, hvor den jødiske menighed i Wien stedte deres afdøde til hvile. I 1800-tallet blev der begravet et sted mellem 3.000 og 4.000 hvert år på kirkegården. I 1845 blev 3.645 gravet, heraf var der 1.023 børn, i 1846 var tallet 4.003, hvor af 984 var børn. Størstedelen af de døde kom fra hospitalet AKH. Tal viser, at der i 1844 blev begravet 1.651 fra AKH samt 133 soldater fra Garnisonspital. Da den store centrale kirkegård, Wiener Zentralfriedhof, åbnede i 1874, blev kirkegården i Währing lukket. I 1923 gravede man de afdøde op og de jordiske rester blev flyttet til Wiener Zentralfriedhof samt til andre kirkegårde. De gravsteder, som havde størst historisk betydning, i alt 58, blev bevaret i en lukket mindelund. Herefter blev den tidligere kirkegård omdannet til en park. Parken har en hundezone, i den vestlige ende finder man et friluftsbad, derudover er der en skaterpark.

YELLA-HERTZKA-PARK
Ilse-Arlt-Straße • 1220 Wien

Yella-Hertzka-Park er en cirka 16.000 m² stor park i Aspern, 22. Bezirk, Donaustadt. Parken blev anlagt i årene 2014-2015, og er opkaldt efter den østrigske kvindesagsforkæmper og gartner Yella Hertzka (1873-1948), som i 1913 grundlagde den første gartneruddannelse for kvinder i Wien, og ledede skolen frem til 1938.

ZESSNER-SPITZENBERG-PARK
Stefan- Esders-Platz 5 • 1190 Wien

Zeßner-Spitzenberg-Park er beliggende i 19. Bezirk, Döbling, den er opkaldt efter Hans Karl Zeßner-Spitzenberg (1885-1938). Han var jurist, nationaløkonom og professor i forfatnings- og forvaltningsret. Hans Karl Zeßner-Spitzenberg blev arresteret af Gestapo i marts 1938 og blev i juli 1938 flyttet til KZ-lejren Dachau, hvor han døde et par uger senere. Hans Karl Zeßner-Spitzenberg var en af de første, der blev arresteret efter tyskerne havde annekteret Østrig i marts 1938.

ZIAKPARK
Aspangstraße 16 • 1030 Wien

Ziakpark er en cirka 4.000 m² stor park i Aspangstraße i 3. Bezirk, Landstraße. Oprindeligt var parken en plads, Ziakplatz, en lille plads mellem Aspangstraße og Rennweg, men blev i 2008 omdannet til en park, som er opkaldt efter forfatter og lektor Karl Ziak (1902-1987). Parken er sammen med Leon-Zelman-Park de to centrale parkanlæg i den nye bydel Aspanggründe, som tidligere havde været banegård, Aspangbahnhof, som rummer en dyster historie.

ASPANGBAHNHOF
Aspangstraße 27 • 1030 Wien

Mellem 1881 og 1971 kunne man stige af og på toget på Aspangbahnhof, som var start- og endestation på jernbanestrækningen, Aspangbahn, som kørte mod syd til ja, Aspang i det sydlige Niederösterreich. Desuden var der et forbindelsesspor i retning mod Nordbahnhof. Banegården og jernbanestrækningen var opkaldt efter landsbyen Aspang. Banegården og nuværende Aspanggrund er beliggende ved Aspangstraße mellem Rennweg og Landstraßer Gürtel. Banen og banegården blev i 1937 overtaget af selskabet Bundesbahnen Österreich, BBÖ, forløberen for det nuværende ÖBB, Österreichischen Bundesbahn, de østrigske statsbaner. Efter Anschluß i marts 1938 blev banegården udgangspunkt for deportationen af godt 47.000 jøder fra Wien. Fra oktober 1939 til oktober 1942 afgik 47 transporter mod opsamlingslejre, som også blev kaldt for ghettoer, hvorfra jøderne senere blev sendt videre til nazisternes fornægtelseslejre og KZ-lejre rundt om i Europa. I 1943 skete transporten fra Nordbahnhof. Knapt 1.073 jøder fra disse togtransporter overlevede, og kunne vende tilbage hjem efter krigens afslutning. Hver transport havde godt tusind jøder om bord, på nær et enkelt, nemlig deporta-

tionstog nummer 46, der *kun* havde 544 jøder om bord, da toget forlod Aspangbahnhof den 5. oktober 1942 i retning mod fornægtelseslejren Maly Trostinez, cirka 12 kilometer sydøst for Minsk i Hviderusland.

I starten af 1945 måtte man, grundet krigen, indstille al togtransport, men den 26. juli 1945 kørte der atter tog fra banegården, dog kun med et enkelt tog i døgnet på grund af manglen på kul. Først i 1947 kunne man sætte flere tog i drift. Fra 1945 til 1955 hørte 3. Bezirk, og dermed også banegården, under den britiske besættelseskommando. Togene kørte fra banegården gennem den sovjetiske besættelseszone (Niederösterreich) via den britiske zone, i Steiermark, til Villach i Kärnten, som også lå i den britiske besættelseszone. Desuden kørte Pressburger Bahn, den nuværende S-togslinie S7,

Aspangbahnhof

95

fra Nordbahnhof og Praterstern via Aspangbahnhof til Wiener Zentralfriedhof. Efter 1955 blev der ikke investeret i fornyelser eller renoveringer af baneanlægget, som førte til, at det forfaldt og den 26. september 1970 kørte det sidste damptog fra banegården i retning mod Puchberg. Fra 31. maj 1971 var det slut med tog fra Aspangbahnhof, og i sommeren 1977 blev banegården revet ned. I forbindelse med nedrivningen fandt arkæologer resterne af romerske mure og et utal af antikke genstande.

I 1995, i 50 året for befrielsen, blev den nedlagte banegård Aspangbahnhof forvandlet til et mindested, hvor man mindes de tusindvis af jøder som blev deporteret og myrdet. Pladsen kaldes for *Platz der Opfer der Deportation*. Allerede i 1983, blev der på initiativet fra en privatperson, nedlagt en mindesten til minde om transporterne. Hvert år, siden 1994, mødes man den 9. november, aftenen for Krystalnatten, på pladsen, hvor man minder ofrene for nazisternes regime. I september 2017 blev der på den tidligere banegårdsgrund indviet et 30 meter langt mindesmærke i sort beton, der symboliserer jernbanespor, hvorfra togvognene fyldt med jøder kørte fra i retning af døden. Mindesmærket er skabt af kunstnerduoen PRINZpod. Mindesmærket er beliggende i Leon-Zelman-Park, som er beliggende på banegårdens grund, mere præcis i trekanten mellem Aspangstraße og Adolf-Blamauer-Gasse.

ÖLZELTPARK
Ölzeltpark • 1230 Wien

Ölzeltpark er en cirka 10.000 m² stor park i Mauer, 23. Bezirk, Liesing. Parken er beliggende mellem Ölzeltgasse, Dr.-Barilitz-Gasse, Maurer Hauptplatz og Geßlgasse ved den tidligere Ölzelt-Villa, det nuværende Gösser-Schössl. Parken har mange gamle træer, der er legeplader, en sandkasse og en hundezone. Parken er opkaldt efter Anton Ölzelt (1817-1875), som var kongelig og kejserlig hof- og stadsbyggemester samt ridder af Newin. Anton Ölzelt og hans hustru købte i februar 1859 huset i nummer 183, som lå i daværende Kirchengasse, den nuværende Geßlgasse. I efteråret 1859 valgte de at opkøbe de omkringliggende grunde og fik anlagt en have, en park, som i dag er Ölzeltpark. Anton Ölzelt døde i oktober 1875 og området blev arvet af hans tre sønner. Den ældste søn, Anton Ritter Ölzelt, opførte Ölzelt-Villa, det nuværende Gösser Schlössl, som blev opført med inspiration fra den italienske renæssance og Palazzo Strozzi i Firenze. Villaen blev tegnet af arkitekt Josef von Wieser. I december 1911 solgte Anton Ritter Ölzelt villa og park til kommunen Mauer, som benyttede villaen som rådhus. Villaen blev bortforpagtet i 1913 og fungerede som *Park Café Mauer* indtil 1985, herefter som kinesisk restaurant indtil en brand i 1996. På øverste etage lå der tidligere en riddersal. Bygningen blev i år 2000 blev fredet under den østrigske Denkmalschutz.

Er der virkeligt bjerge i og omkring Wien? Ja, det er der, dog ikke så høje og majestætiske som bjergene i Alperne. Nogle vil nok bare kalde bjergene omkring Wien for bakker, men på den anden side, så har vi her i Danmark også Himmelbjerget på blot 147 meter. Bakkerne, eller bjergene, omkring Wien er for flere af dem højere end netop vores Himmelbjerg. Det er umuligt at finde informationer på alle bakker, undskyld bjerge, derfor har jeg valgt dem ud, hvor det har været muligt at finde informationer på.

ANTONSHÖHE

Antonshöhe, blev tidligere også kaldt for Hauswurzhügel. Det er en 356 meter høj bakke i Maurer Wald, 23. Bezirk Liesing. Det var oprindeligt et stenbrud, Steinbruch Mauer-Antonshöhe, som anses for at være det ældste industrimindesmærke i Østrig. Antonshöhe er opkaldt efter Anton Ölzelt den Ældre, der har fået en park opkaldt efter sig, *læs mere på side 96 i denne bog.*

BELLEVUEHÖHE

Bellevuehöhe, også kaldet Bellevue, er en bakke på 388 meter i bydelen Sievering i 19. Bezirk, Döbling. Nord for bakken lå Schloß Belle Vue, som i det 19. århundrede fungerede som plejehjem og rekreationshjem for lungesyge. Sigmund Freund arbejdede der som læge. Hjemmet lukkede i 1960erne, og revet ned, i stedet blev der opført en udflugtsrestaurant, som lukkede i starten af 1980erne og revet ned i 1982.

BISAMBERG

Cirka 5 km nordøst for Wien finder man byen og bjerget Bisamberg. Byen har cirka 4.500 indbyggere, og er beliggende for foden af bjerget, som også hedder Bisamberg. Bjerget er 358 meter højt, men er sådan set ikke beliggende i delstaten Wien, men i delstaten Niederösterreich, men bjergets sydlige side er beliggende i udkanten af 21. Bezirk, Floridsdorf. Mod syd skråner bjerget stejlt ned mod Donau, og danner sammen med Leopoldsberg (som er beliggende på modsatte side af floden) det som kaldes for Wienerporten *(læs eventuelt mere på side 114 i denne bog).* Bjergets skråninger har i århundreder været benyttet til vinavl. Man har fundet arkæologiske fund, som beviser, at Bisamberg har været beboet i årtusinder, da der er blevet fundet genstande fra der ældre og yngre stenalder. Desuden har der også være en keltisk kolori på bjerget.

BRANDBERG

Brandberg er et 419 meter højt bjerg i 13. Bezirk, Hietzing, mere præcis i den vestlige del af Lainzer Tiergarten på grænsen til Purkersdorf. Nordøst for Brandberg ligger Johannser Kogel og mod sydøst ligger Hornauskogel. Bjerget er en del af bjergkæden i Wienerwald, som er en del af den østlige del af Alperne. Det formodes, at Brandberg er opkaldt efter kaldenavnet *Brand,* som er betegnelsen for *det stykke skov, som er tilbage efter en skovbrand.* Man har kunne spore kaldenavnet tilbage til 1788. Sydøst for bjerget finder man også engen Brandwiese.

BÄRENBERG

Bärenberg er et 434 meter højt bjerg i 13. Bezirk, Hietzing, i den vestlige del af Lainzer Tiergarten, på bygrænsen op til Laab im Walde. Bärenberg er en del af Wienerwald og en del af den østlige del af Alperne. Store dele af bjerget er skov, hvor der ikke er nogen markerede vandreruter mod toppen. Derimod er der en cirka 4 km vandrerute, Stadtwanderweg 4, langs den nordlige del af bjerget til Kaltbründlberg. Første gang man skriftligt nævnte bjerget var i 1819, hvor det blev nævnt som *Barn Berg*. Der findes to forklaringer på, hvordan navnet er opstået, den ene forklaring er, at det stammer fra ordet *bjørn*, *Bär*, eller det mellemhøjtyske ord *der bër*. En anden mulig forklaring på, at navnet stammer fra det mellemhøjtyske ord *Barn*, som betyder *at være* eller *at blive spærret*. Ordet kan have refereret til en bjergtop, der oprindeligt var blottet for vegetation, selvom Bärenbergs nuværende tætte vegetation taler imod dette.

BURGSTALL

Burgstall er et 295 meter højt bjerg i bydelen Nussdorf i 19. Bezirk, Döbling. Bjerget grænser op til Kahlenbergerdorf og Leopoldsberg. Mod nord deler Schablergraben Burgstall fra Kahlenbergerdorf og Leopoldsberg, og mod sydøst finder man Nussberg, mod nordøst skråner Burgstall kraftigt ned mod Donau.

Geologisk hører Burgstall til den østlige del af Alperne. Navnet Burgstall stammer fra, at der på stedet er, eller har været, en borg. Talrige arkæologiske fund har bevist, at der tidligere har været en befæstning syd for det nuværende Leopoldsberg. Burgstall har flere vinmarker, som har en god placering på den sydøstlige skråning. Mod nord finder man bosættelsen Jungherrnsteig.

DREIMARKSTEIN

På grænsen mellem 17. Bezirk, Hernals, 19. Bezirk, Döbling, og Weidling i delstaten Niederösterreich finder man det 454 meter høje Dreimarkstein, som er beliggende i udkanten af Wienerwald. Navnet *Dreimarkstein* kommer fra det oldhøjtyske ord *marca*, som betyder *grænseområde* eller *grænse* samt fra det mellemhøjtyske ord *mark*, som betyder *grænse* eller *afgrænset landsdel*. I 1818 blev bjerget nævnt som *dreymarkstein*, hvor de tidligere bydelsgrænser fra Hernals, Döbling og Währing mødtes ved Dreimarkstein. Bydelsgrænsen til Währing er siden hen blevet rykket til Salmannsdorf.

EICHKOGEL

Eichkogel på 428 meter er beliggende i bydelen Rodaun i 23. Bezirk, Liesing. Det er det højeste bjerg i Liesing, som er omkranset af delstaten Niederösterreich på tre af siderne. Mod sydvest danner Wiener Graben den naturlige grænse mellem Wien og Kaltenleutgeben, mod nord går grænsen til Breitenfurt bei Wien, i Wiener Bürgerspitalswald, mod sydøst finder man Kaltenleutgebner Tal samt et tidligere cementværk, desuden blev der i nærheden, ved Teufelstein, tidligere udvundet kalk. Gennem Kaltenleutgebner Tal flyder Dürre Liesing langs med Kaltenleutgebener Bahn. Eichkogel er beliggende i den del af Wienerwald som hører til de nordlige Kalkalpen.

Exelberg

Exelberg er et bjerg på grænsen mellem Niederösterreich og Wien, i den nordlige del af Wienerwald. På det 516 meter høje bjerg finder man landevejen mellem Tulbing og Wiener Höhenstraße, som blandt andet er kendt for motorløbet Exelbergrennen, som blev organiseret af *Österreichischen Automobil-Club*. Det var det ældste motorløb i Østrig-Ungarn, det første løb blev kørt i maj 1899, og det sidste blev kørt i 1904. I 1910 forsøgte man med et motorcykelløb. I dag køres der ikke motorløb på vejstrækningen, men strækningen er en populær motorcykelrute. På toppen finder man Sendeturm Exelberg, som er et 109 meter telekommunikationstårn, der drives af Telecom Austria. Desuden er der i nærheden af Loisalm en skydebane, som blandt andet benyttes som træningsbane for politiet i Wien. På Exelberg udspringer to vandløb, nemlig Eckbach, en biflod til Als, samt Halterbach, som er en biflod til floden Wien.

Fasslberg

Faßlberg, som er 366 meter højt, er beliggende i Maurer Wald i den sydlige del af Lainzer Tiergarten på grænsen mellem 13. Bezirk, Hietzing, og 23. Bezirk, Liesing. Øst for Faßlberg finder man Antonshöhe og Wilde Berg, og mod nordvest finder man Kleine Eichberg. Faßlberg er en del af Wienerwaldsbjergene, som den nordøstligste del af de østlige Alper.

Gallitzinberg

Kært barn... øh... bjerg... mange navne... sådan er det også med Gallitzinberg, som også kaldes for Wilhelminenberg, Predigtstuhl samt Galiziberg (hvor trykket er på det første i). Bjergets højde er altid et diskussionsemne, for er det 388 meter eller 449 meter? Svaret er egentlig... begge dele... alt afhængigt om man tager udsigtstårnet Jubiläumswarte med i højden eller ej, for uden Jubiläumswarte er bjerget 388 meter højt, og med udsigtstårnet er højden 449 meter. Bjerget er beliggende vest for 16. Bezirk, Ottakring, på grænsen mellem 14. Bezirk, Penzing, og 17. Bezirk, Hernals. Området omkring Gallitzinberg kan spores tilbage til 1781, hvor feldmarskal Franz Moritz Graf von Lascy (andre kilder kalder ham Lacy) erhvervede et stykke jord på Predigtstuhl, som er en del af Gallitzinberg, i Ottakring, hvorefter han fik opført et slot. Feldmarskal Lacy havde en ven, den russiske ambassadør i Wien, Fürst Demetrius Michalowitsch von Gallitzin (på russisk Dmitrij Michailowitsch Golizyn), en mand der lagde navn til bjerget af samme navn. Ambassadør von Gallitzin opkøbte flere områder omkring Ottakring, som i dag er den store park omkring slottet. Den store park rummer blandt andet flere damme, et rundt tempel, romerske ruiner og et jagtslot. Efter ambassadør von Gallitzins død i 1793 købte Nikolai Petrowitsch Rumjanzew både slot og område.

Efter flere ejerskifter endte slottet i 1824 med at blive overtaget af fyrst Julius von Montléart, som også blev kaldt for Jules Max Thibault Montléart, samt hans hustru, Maria Christina. Slottet trængte på dette tidspunkt til at blive renoveret, og i 1838 blev slottets sidefløje udvidet. Efter fyrstens død udbrød der en arvestrid, som endte med, at sønnen, Moritz von Montléart, vandt arvestriden og forærede slottet til sin hustru, Wilhelmine. Efter hans ønske blev slottets navn ændret fra Gallitzinberg til Wilhelminenberg. Men det var ikke helt nemt at få lov til at lave navneændringen, derfor fik fyrsten fremstillet en række skilte, som han fik sat op ved alle indgange til slottet, derved skiftede slottet alligevel navn. Fyrsten døde i marts 1887, og blev efter et ønske fra enken, fru Wilhelmine, bisat i et mausoleum. Enken Wilhelmine beholdte slottet som personligt eje, og gjorde meget for de fattige i området, derfor blev hun også kaldt for *Englen fra Wilhelminenberg*. Fyrstinde Wilhelmine døde i marts 1895 og blev efterfølgende bisat i mausoleet ved siden af sin mand.

I starten af 1900-tallet var slottet efterhånden så faldefærdigt, at man valgte at rive slottet ned for derefter at opføre et nyt på stedet. Det nye slot blev opført mellem 1903 og 1908 efter arkitekterne Eduard Frauenfeld og Ignaz Sowinskis tegninger. Slottet skulle være hjem for de østrigske ærkehertuger. Prisen for det nye slot løb op i 1,4 millioner østrigske kroner. Den første beboer på det nye slot blev ærkehertug Rainer, som boede her frem til sin død i januar 1913, hvorefter nevøen ærkehertug Leopold Salvator overtog slottet. Under Første Verdenskrig (1914-1918) blev slottet benyttet som lazaret og rekonvalescenthjem for sårede krigsofre, primært soldater. I 1922 købte bankdirektør Wilhelm Ammann slottet, der dog ikke nåede at eje slottet i mange år, før han gik konkurs i 1926, hvorefter slottet blev solgt på en auktion i november 1926. Den nye ejer af slot og park var stadsadministrationen Wien, som oprettede et kommunalt ejet børnehjem her.

Mellem 1934 og 1939 husede slottet det berømte drengekor Wiener Sängerknaben. Men da nazisterne annekterede Wien og Østrig i marts 1938 blev slottet beslaglagt af nazisterne og overgivet til den østrigske Legion. Under Anden Verdenskrig fungerede slottet atter som lazaret for hæren, da det lå i nærheden af hospitalet Wilhelminenspital. Efter krigens afslutning blev slottet anvendt for børn, der havde brug for rekreation oven på krigens rædsler, samt til rekreationshjem for overlevende KZ-fanger. I 1950 flyttede den pædagogiske observationsafdeling fra hospitalet Am Spiegelgrund, også kendt som Otto-Wagner-Spital, til Schloß Wilhelminenberg.

I årene fra 1961 til 1977 blev slottet anvendt som børnehjem for piger, senere kom der også en afdeling for drenge. I 2011 kom nyheden om, at der i årene, som skolehjem havde været talrige overgreb og misbrug af de piger som havde været anbragt her. Organisationen *Weißer Ring, den hvide ring,* som hjælper de der har været misbrugt, udtalte i forbindelse med afsløringen, at Wilhelminenberg og Eggenburg havde været de værste steder, de brugte endda ordet *hotspots for misbrug og overgreb.* I alt meldte 2.384 tidligere børnehjemsbørn sig, som alle havde været misbrugt på børnehjem i Wien. Byen Wien har indtil nu betalt godt 52 millioner Euro, eller 390 millioner danske kroner i erstatning til børnene. Fra 1986 til 1988 gennemgik slottet en gennemgribende renovering, og i 1988 åbnede slottet dørene op som et trestjernet hotel, Hotel Schloß Wilhelminenberg. I år 2000 gennemgik hotellet en ny renovering, og er i dag et firestjernet hotel, som ejes og drives under brandet Austria Trend Hotels.

JUBILÄUMSWARTE
Johann-Staud-Straße 80 • 1160 Wien

Jubiläumswarte er et udsigtstårn på Gallitzinberg, som er beliggende i den vestlige udkant af Wien, mere præcis på Vogeltennwiese i 16. Bezirk, Ottakring. Jubiläumswarte blev opført i anledningen af kejser Franz Josephs 50 års regeringsjubilæum i 1898. I starten var det blot et tårn i træ, men det blev ødelagt af en storm allerede samme år. I 1898 var der også en jubilæumsudstilling i Prater, og her havde man opstillet et 27,5 meter højt tårn af jern, som efter udstillingen skulle sælges. Det blev foreningen *Ottakringer Verschönerungsverein, foreningen til forskønnelse af Ottakring,* der købte jerntårnet for den nette sum af 35.000 Kroner, som var den østrigske valuta fra 1892 til 1924.

Jerntårnet blev placeret der, hvor trætårnet havde stået, og den 6. juli 1899 indviede Wiens borgmester Karl Lueger tårnet. Tårnet havde oprindeligt en elevator, men den blev fjernet i forbindelse med opstillingen her, og besøgende kunne kun nå udsigtsplatformen via trappen. I december 1900 blev der opført en hytte nedenfor tårnet, hvor man kunne søge ly eller spise den medbragte madkurv, og det var med til at gøre stedet til et populært udflugtssted. Under og, særligt, efter Anden Verdenskrig forfaldt tårnet, og i 1952 blev tårnet spærret af for offentligheden, og det nærliggende Gasthaus havde også indstillet deres virksomhed.

I 1953 blev både tårn og Gasthaus revet ned. I 1955 begyndte man at opføre et nyt tårn, som blev indviet den 7. september 1956 af Wiens viceborgmester Karl Honay og Stadsråd Leopold Thaller. Det kostede 320.000 Schilling at opføre det nye tårn, hvilket svarer til cirka 166.000 Euro eller cirka 1.245.000 danske kroner. Det nye tårn blev opført i beton med stålarmerede søjler. Samtidig med opførelsen og genindvielsen af tårnet, blev der åbnet en ny restaurant for foden af tårnet. Restauranten lukkede i forbindelse med den sidste forpagteres død i 1995. Bygningen blev dog renoveret og genåbnede som skov- og naturskole i maj 1998, hvor Wiens skoler kan tage på udflugt til og lære om skoven, naturen og dyrene.

Der er adgang til stedet for offentligheden, dog har udsigtstårnet lukket i vintermånederne. Udsigtsplatformen er beliggende i 31 meters højde, men for at komme op på udsigtsplatformen skal man bestige den blot 90 cm brede trappe og over 183 trin. Hvis man klarer turen op, belønnes man, på gode dage, med en udsigt over Wienerwald, hvor man kan se helt til Hainburger Berge, Leithagebirge, Schneeberg og måske til Weißen Karpaten. Tårnet fungerer desuden som vejrstation, derfor sidder der på og omkring tårnet flere antenner og måleapparater. I skoven for foden af Jubiläumswarte lå Gaugefechtensstand Wien, en bunker fra tiden under Anden Verdenskrig.

GANSERLBERG

Ganserlberg, der også kaldes for Ganslberg og Annaberg, er beliggende i 18. Bezirk, Währing, mellem Anton-Baumann-Park og Johann-Nepomuk-Vogl-Platz. Det er lidt forkert at kalde det et bjerg, da det egentlig blot er en blød bakke, som er del af Schafberg (390 meter) og Wienerwald-bjergkæden. Man formoder, at navnet stammer fra en kro, der oprindeligt lå i nærheden af den nuværende Lutherkirche, en kro der eftersigende var berømt for sin gåsesteg. På Ganserlberg finder man også Lazaristenkirche, som er tegnet af arkitekt Friedrich von Schmidt, der også tegnede Wiens Rådhus, samt vandtårnet, Währinger Wasserturm, som er beliggende i Anton-Baumann-Park.

GEMEINDEBERG

Gemeindeberg er et 321 meter højt bjerg i 13. Bezirk, Hietzing, nærmere præcis i bydelen Ober St. Veit, i nærheden af Lainzer Tiergarten. For foden af bjerget finder man kirkegården Ober St. Veit Friedhof, som åbnede i 1878. I den yngre stenalder lå der en bosættelse på bjerget, som man fandt arkæologiske rester efter i 1800-tallet. I årene 1746-1782 lå der et såkaldt Einsiedlerei, en eremitage, på bjerget, som efter flere ejerskifter endte med at blive til et udflugtslokale i 1830, stedet hed Zur Einsiedelei, der eksisterede frem til 1919, da Franciskanerordenen overtog området og drev et plejehjem, St. Josefsheim, her. De historiske bygninger blev revet ned i 2017 for at give plads til et moderne og mere tidssvarende plejehjem. I mange år var der også vinmarker på bjerget, men de blev opgivet i 1925.

Georgenberg

Georgenberg, der også kaldes også for Sankt-Georgen-Berg er et 330 meter højt bjerg i Mauer, i 23. Bezirk Liesing. I nærheden af bjerget finder man også Wotrubakirche, en kirke som blev opført fra 1974-1976 af billedhugger Fritz Wotruba. Det er også her man finder den såkaldte stjernehave, Sterngarten, som er et udendørsplanetarium, som siden 1997 har været drevet af den østrigske astronomforening, *Österreichischen Astroverein*. Georgenberg er beliggende ved overgangen mellem det bebyggede område i Mauer til Wienerwald i den sydlige del af Wien. I 1938 blev der på Georgenberg oprettet en kaserne til tropperne fra luftmeldekorpset. Kasernen blev revet ned i 1949, men området benyttes som ruinby, hvor den østrigske hær træner.

Girzenberg

Girzenberg er et 285 meter højt bjerg i Ober-St.-Veit i 13. Bezirk, Hietzing. Første gang man hørte om Girzenberg var i et skriftligt dokument i 1819 i forbindelse med den franciskanske skatteversion. Girzenberg skulle eftersigende have fået sit navn fra det slovenske ord *gorica*, som betyder *lille bjerg*. Allerede i 1493 lå der en vingård i Sankt Veit, som hed *Gorczer*, og i 1578 blev ordet/stednavnet *Götzesperg nævnt*, men deres beliggenhed er ukendt, og det vides ikke med sikkerhed om de har noget at gøre med bjerget. Bjerget danner sammen med Trazerberg, som er beliggende 250 meter

mod nordvest, samt Roter Berg, som er beliggende 400 meter mod øst, et sammenhængende grønt rekreativt område, som ikke er gennemskåret af veje. Under de tre bjerge finder man jernbanetunnellen Lainzer Tunnel, som går i retning nordvest-sydøst, der blev taget i drift i december 2012. Bjerget er en del af Wienerwald-bjergkæden, som er en del af den nordøstlige del af det østlige Alper.

Greutberg

Greutberg er et bjerg på 449 meter i den nordlige del af Wienerwald i 14. Bezirk, Penzing. Bjerget befinder sig nordøst for Vorderhainbach, sydøst for Hinterhainbach og sydvest for Hochbruckenberg, og vest for toppen finder man Hohe Wand. På Greutberg finder man flere vandreruter til Sophienalpe. Noget som ikke er smukt i området er de to højspændingsledninger, som går mellem transformerstationerne Wien-West og Bisamberg til kraftværket Korneuburg.

Grünberg

Grünberg, eller Grüner Berg, er en bakke mellem 13. Bezirk, Hietzing, og 12. Bezirk, Meidling. Grünberg er et trafikknudepunkt, som forbinder flere ind- og udfaldsveje til Wien, blandt andet der er forbindelse mellem Grünbergstraße og B1 (Wiental) og motorvejene A23 og A2. Det var baron Josef von Hagenmüller zu Grünberg, en advokat, som lagde navn til bakken. Baron Josef von Hagenmüller zu Grünberg opførte omkring 1790, flere ejendomme i området, som hurtigt blev kaldt for Grünbergsiedlung.

HACKENBERG

Hackenberg er et 306 meter højt bjerg i bydelen Sievering i 19. Bezirk, Döbling. Første gang man hørte om Hackenberg var i år 1305. Det var i et købsdokument til hertug Rudolf, hvor bjerget kaldes for *hakkenpergen*. Navnet stammer formodentligt fra den gamle målenhed *Haken*, som blev benyttet til opmåling af engområder. Men navnet kan også stamme fra personnavnet *Hacko*. På bjergets sydvestlige skråning var der i middelalderen en landsby, *Chlaintzing*, samt en vingård. I dag finder man kolonihaveforeninger på bjerget, men man finder også nogle få vinmarker. I nærheden af toppen finder man vandreservoiret Hackenberg, som forsyner Wien med vand, og mod sydvest finder man Sievering Friedhof, som har eksisteret siden 1883.

HAGENBERG

Det 412 meter høje bakke/bjerg Hagenberg, er en del af Lainzer Tiergarten, beliggende mellem Ober Sankt Viet og Hacking i 13. Bezirk, Hietzing. I nærheden finder man Nikolaiberg og Johannser Kogel. Bjerget er en del af Wienerwald-bjergkæden, som er en del af den østlige del af Alperne. Hagenberg blev første gang nævnt i et dokument som *Hekenperg* i 1377. Det er med en vis grad af sandsynlighed, at navnet ikke kommer fra ordet *Hag*, som betyder *hegn*, men derimod fra den nærliggende landsby *Hacking*, som ofte blev nævnt som *Hackenberg*.

HAMEAU

Hameau er et 464 meter højt bjerg ved Neuwaldegg i 17. Bezirk, Hernals, på grænsen til Niederösterreich og byen Klosterneuburg. *Hameau* er et fransk ord for *bosættelse* eller *landsby*. I 1765 købte Franz Moritz von Lacy Schloß Neuwaldegg og fik skabt en naturpark på den store grund, der på dette tidspunkt, i 1700-tallet, var en af de største lyst- og landskabshaver i Europa. I dag er parken bedre kendt som Schwarzenbergpark. På parkens højeste punkt, Hamerau, fik Franz Moritz von Lacy opført 17 hytter eller gæstehuse, hvor blev benyttet af hans gæster, et område, som også blev kaldt for *Hollænderlandsbyen*. Efter hans død forfaldt hytterne, og eksisterer ikke længere. Franz Moritz von Lacy var en af kejserinde Maria Theresias fortrolige, ven med kejser Joseph den Anden og var med til at reformere og reorganisere det østrigske militær. *Læs mere om Schwarzenbergpark på side 71 i denne bog.*

Under Anden Verdenskrig blev der opstillet luftværnskanoner på bjerget, og efter krigens afslutning blev der opført en skovkro, som eksisterede frem til 1960erne. Området var et yndet udflugtsmål for mange wienere året rundt, da der, hvis der var sne, var gode muligheder for at løbe på ski her. Men da flere og flere fik egen bil i 1960erne, tog wienerne på tur til Niederösterreich i stedet, og grundlaget til at drive kroen forsvandet. Alle bygninger, på nær en enkelt hytte, blev revet ned, den hytte fungerer i dag som læ for regn og uvejr.

HERMANNSKOGEL

Hermannskogel, som er 544 meter højt, er beliggende tre kilometer øst for Kahlenberg og Leopoldsberg i 19. Bezirk, Döbling, på grænsen til Niederösterreich. Grænsen mellem Wien og netop delstaten Niederösterreich går cirka 150 meter nord for toppen af Hermannskogel. Hermannskogel er en del af Wienerwald, en del af Kahlengebirge og det højeste bjerg i Wien. Første gang man hørte om bjerget var i 1355, hvor klostret Stift Klosterneuburg i deres tienderegister havde skrevet *hermannschobel*, som er det nuværende *Hermannskogel*. Navnet Hermannskogel kan spores tilbage til middelalderen, og fornavnet *Hermann*, mens *Kogel* eller *Kobel* betyder *et kegleformet bjerg*.

I middelalderen var Hermannskogel fyldt med vinmarker. Der lå oprindeligt en lille landsby på bjerget, som i 1256 blev adskilt fra klostret Stift Klosterneuburg, landsbyen eksisterede indtil slutningen af det 15. århundrede, hvorefter man ikke hørte mere om landsbyen, dog formoder man, at den blev ødelagt under en belejring af den ungarske hær. Efter landsbyen forsvandt, forsvandt vinmarkerne også og bjerget voksede til med krat og skov. Da tyrkerne

erobrede Wien, i 1683, fik wienerne blandt andet hjælp fra en indsatshær fra Sachsen, som havde sin lejr her på Hermannskogel. Indsatshæren bidrog til, at tyrkerne trak sig tilbage. På toppen af Hermannskogel finder man Habsburgwarte, som er et 27 meter højt tårn, udformet som et fæstningstårn. Tårnet blev opført i 1888 i forbindelse med kejser Franz Josephs 40 års regeringsjubilæum.

HEUBERG

Heuberg er et 464 meter højt bjerg i 17. Bezirk, Hernals, i den nordlige del af Wienerwald. Bjerget befinder sig sydvest for Schloß Neuwaldegg. Ved den sydøstlige udkant finder man bosættelsen Heubergsiedlung. I 1921 fik arkitekt Adolf Loos, som chefarkitekt, til opgave at planlægge et nyt boligkvarter her. Han fik hjælp fra Hugo Mayer og Margarete Schütte-Lihotzky, sidstnævnte skabte to boligenheder til det nye kvarter. Bosættelsen var tænkt som et socialt boligkvarter, hvor de kommende beboere hovedsageligt var arbejdsløse, men for at de kunne få lov til at få en bolig her, forpligtede de sig til at yde 3.000 arbejdstimer. Boligkvartet blev kaldt for Mustersiedlung Heuberg, i dag er området mere kendt som Loos-Siedlung, der blev opført i årene 1921-1924. Boligerne var toetagers rækkehuse, og der var en lille have, hvor beboerne kunne dyrke deres egne grøntsager. Mange af husene er siden hen blevet bygget om, og nogle af de små haver er forvandlet til parkeringspladser.

HOCHBRUCKENBERG

Hochbruckenberg er et 497 meter højt bjerg i 14. Bezirk, Penzing, i den nordlige del af Wienerwald. Bjerget befinder sig nordøst for Vorderhainbach og sydøst for Hinterhainbach, fra disse to vandløb udspringer flere vandløb, herunder Kasgrabenbach, hvor Dianabründl blandt andet udmunder i.

HOCHSTEINECK

Hochsteineck er et 389 meter højt bjerg mellem bydelene Grinzing og Sievering i 19. Bezirk, Döbling. Vest for Hochsteineck finder man Wiener Höhenstraße, der forbinder Dreimarkstein og Hermannskogel.

HOHE WAND

Hohe Wand er et 452 meter højt bjerg i bydelen Hütteldorf i 14. Bezirk, Penzing. Bjerget er egentligt en bjergkam, som mest er kendt for skiområdet Hohe-Wand-Wiese. Over bjergkammen er der to højspændingsledninger, der forbinder transformerstationen Wien-West med transformerstationen Bisamberg og kraftværket Korneuburg.

HOHE WARTE

Hohe Warte er en bebygget bakke i 214 meters højde, den befinder sig mellem bydelene Heiligenstadt og Unterdöbling i 19. Bezirk, Döbling. Hohe Warte er den sidste del af Wienerwald-bjergkæden, som strækker sig fra Cobenzl (Latisberg) via Grinzing og Hungerberg til Donaukanal. Man har kendt til Hohe Warte siden 1135, men det var først i 1894 at navnet blev officielt. På Hohe Warte holder Østrigs meteorologiske institut, *Zentralanstalt für Meteorologie und Geodymnamik*, til. De flyttede fra Wieden til Hohe Warte i 1872. Deres nye hovedkvarter blev tegnet af arkitekt Heinrich von Ferstel. Instituttet sørger blandt andet for at informere østrigerne om vejret. Instituttet blev udvidet i 1957 og igen fra 1967-1973, hvor de fik et radartårn, nye kontorbygninger med mere. Instituttet råder desuden over et stort fagbibliotek om meteorologi og geofysik. Tidligere havde den østrigske Forbundspræsident også sin embedsbolig her. I begyndelsen af 1900-tallet blev Hohe Warte kendt som kunstnerkoloni, da Josef Hoffmann byggede et dobbelthus i Steinfeldgasse 6-8 til kunstnerne Koloman Moser og Carl Moll.

HORNAUSKOGEL

Hornauskogel er et 504 meter højt bjerg i den sydvestlige del af Hietzing og en del af Lainzer Tiergarten i 13. Bezirk, Hietzing. Bjerget er en del af Wienerwald-bjergkæden, som er en del af de østlige Alper. Første gang man hørte om Hornauskogel var som *Hurnauskogel k.k. Waldung* i 1788, stavemåden *Hornauskogel* kom først i 1819. Navnet stammer fra det mellemhøjtyske ord *hornuʒ* (Hornissen), som betyder *gedehams*.

HUNGERBERG

Hungerberg er et 242 meter højt bjerg i bydelen Grinzing i 19. Bezirk, Döbling. Bjerget er beliggende i den nordøstlige del af Wienerwald, og er en del af Wienerwald-bjergkæden, som er en del af det østlige Alper. Indtil midten af det 19. århundrede var Hungerberg udsat for kolde vinde, som førte til, at vinmarkerne på bjerget gav mindre vindruer, og dermed et mindre udbytte for vinbønderne. Men med tiden blev der opført mere bebyggelse i området, som var med til at ændre vinden og klimaet. Hungerberg gik fra at være et dårligt vinområde, til i dag at være et af de bedste steder til vinproduktion. Vinmarkerne findes mod syd og øst.

Hühnersteig

Hühnersteig, eller Hühnersteigberg, er et 408 meter højt bjerg i bydelen Hadersdorf-Weidlingau i 14. Bezirk, Penzing. Bjerget befinder sig nord for Unter-Purkersdorf og syd for Vorderhainbach mellem Wienfluß og Mauerbach. Mod nordvest finder man boligkvarteret Augustinerwald og mod vest finder man Weidlinger Bürgerspitalwald med et unavngiven bjerg på 415 meter. Hühnersteig er velegnet til kørsel på mountainbike, da der kun kommer få vandrere her.

Hüttelberg

Hüttelberg er et 326 meter højt bjerg i bydelen Hütteldorf i 14. Bezirk, Penzing. Bjerget er en del af Satzberg, og for foden finder man Hüttelbergstraße. Den østlige side af Hüttelberg er bebygget, og kan nemt nås med offentligt transport. På bjergets sydvestlige og østlige side findes der flere nedlagte stenbrud, hvor sandsten til reguleringen af Wienfluß og Wiens bybane stammer fra.

Johannser Kogel

Johannser Kogel er en 377 meter høj bakke, som knejser sig cirka 200 meter over Wiental i den vestlige del af 13. Bezirk, Hietzing. Johannser Kogel hører til naturbeskyttelsesområdet Lainzer Tiergarten. Mod sydøst finder man Brandberg og mod øst finder man Hagenberg. Bakken/bjerget er beliggende i området som kaldes Johannser Wald, og er samtidig en del af Wienerwald-bjergkæden, som er den østlige del af Alperne. Det er også Johannser Wald, som har været navngiver for bjerget. Navnet har været kendt siden 1925, mens skoven allerede var kendt som *St. Johann(s) Waldt* i 1625. Navnet kan spores tilbage til en tidligere ejer af skoven. I 1972 blev Johannser Kogel udnævnt til naturskovreservat, 45 hektar af reservatets i alt 70 hektar er hegnet ind, og er ikke tilgængelig for offentligheden. I reservatet er der et cirka 400 år gammelt egetræ med en stamme på omkring fire meter i diameter.

Kahlenberg

Kahlenberg, 484 meter højt, er beliggende på grænsen mellem 19. Bezirk, Döbling og Klosterneuburg i Wienerwald, hvorfra der er en fantastisk udsigt over Wien, i godt vejr kan man se til bjergkæden Karpaterne i Slovakiet samt til Schneeberg i Kalkalperne. Kahlenberg er et yndet udflugtsmål for både lokale wienere, men også for turister, især om søndagen. Mit råd er... tag der op en anden dag, for ellers er der ingen gode muligheder for at opleve den fantastiske udsigt. Vest for Kahlenberg finder man Leopoldsberg, mod øst ligger Hermannskogel og Reisenberg. På toppen finder man Stefaniewarte, som er et 165 meter højt ståltårn, der fungerer som er radiomast for den østrigske radio, *ORF*, *Österreichische Rundfunk*. Desuden er der en lille kirke, Sankt Josef, en restaurant samt hotel.

Oprindeligt blev bjerget kaldt for *Sauberg (so-bjerget)* eller *Schweinsberg (svine-bjerget)*, på grund af de mange vildtsvin, der tidligere levede i skovene omkring bjerget. I 1628 købte kejser Ferdinand den Anden bjerget, og kaldte det for Josephsberg. Senere omdøbte kejser Leopold den Første det oprindelige Kahlenberg til Leopoldsberg, så blev Josephsberg omdøbt til Kahlenberg. Det var her på det *nye* Kahlenberg, Wiens befrier, den polske konge Jan den Tredje Sobieski, slog lejr i 1683, før han drog i kamp mod tyrkerne, som havde belejret Wien. Omkring 1920 mødtes Albert Einstein med andre fysikere og matematikere på

Kahlenberg, hvor de talte om det som senere skulle blive den internationale encyklopædi for den forenede videnskab.

Fra 1874 til 1920 kunne wienerne tage Kahlenbergbahn, en dampdrevet tandhjulsbane, fra Nussdorf til toppen af Kahlenberg. Banen var 5,5 km lang og skulle overvinde 316 højdemeter. Turen startede i Zahnradbahnstraße, som er stedet hvor sporvognslinie D ender, banen kørte via Grinzing og Krapfenwaldl til Kahlenberghotel. I dag går turen til Kahlenberg med bus, man kan også selv køre, via Höhenstraße, som blev anlagt i 1935. Hvis man ønsker at tage bussen, kan man tage sporvognslinie D, som blandt andet kører fra Wiener Staatsoper til Nussdorf, hvor man skifter til buslinie 38A. Bussen kører på udvalgte afgange også til Leopoldsberg.

KAISERZIPF

Kaiserzipf er et 339,1 meter højt bjerg/bakke i den sydvestlige del af 13. Bezirk, Hietzing, nærmere præcis i Lainzer Tiergarten på grænsen til Breitenfurt. Nord for Kaiserzipf finder man Faßlwiese, og mod syd finder man Kaufberg. Det skovklædte bjerg er en del af Wienerwald-bjergkæden, som er den nordøstlige del af de østlige Alper. Navnet *Kaiserzipf* kan spores tilbage til 1788, hvor man kaldte det for *Kayerzipf*, som i 1819 blev til *Kaiserzipf*. Det var det kejserlige hof som ejede skoven, og ordet *Zipf* stammer fra skovens spidsformede udseende.

Kahlenberg og Leopoldsberg

KALTBRÜNDLBERG

Kaltbründlberg er et 508 meter højt bjerg i den sydvestlige del af 13. Bezirk, Hietzing, i Lainzer Tiergarten. Det er 13. Bezirks næsthøjeste bjerg, det er en del af Wienerwald-bjergkæden, som er den østligste del af Alperne. Første gang bjerget blev nævnt i et skriftligt dokument var som *Kaltbrünnlberg* eller *Kalter Brünnlberg* i 1925. Navnet stammer fra den eng, *Kaltbründlwiese*, som er beliggende syd for bjerget. Engen har været kendt siden 1788, hvor man kaldte den for *Brünndlwiese*.

KLEINE EICHBERG

Kleine Eichberg er et 336 meter højt bjerg i den sydvestlige del af 13. Bezirk, Hietzing. Bjerget, som er en del af Lainzer Tiergarten og en del af Wienerwald-bjergkæden, er beliggende på grænsen til 23. Bezirk, Liesing, samt til Breitenfurt i delstaten Niederösterreich. I nærheden finder man Kaiserzipf, Mittleren Eichberg samt Faßlberg. Det formodes, at bjergets navn stammer fra bestanden af egetræer. Ved bjerget finder man skoven Mackwald, der er opkaldt efter en tidligere ejer, enten general Karl Mack von Leiberich, som kæmpede i de napoleonske krige, eller Franz von Mack, der i slutningen af det 17. århundrede ejede områderne Kalksburg og Mauer.

KOLBETERBERG

Kolbeterberg er et bjerg på 426 meter i den nordlige del af Wienerwald og 14. Bezirk, Penzing. Bjerget er beliggende i den nordlige del af Hadersdorf, mod øst finder man området Jägerwaldsiedlung, mod vest finder man Kasgraben og Mauerbach, og mod syd udspringer Kolbeterberggraben. Området omkring bjerget er på blot 28 hektar, det gør Kolbeterberg til en af de mindste kernzoner i biosfæreparken Wienerwald. De der ønsker at gå en tur i området, skal holde sig på de markerede stier.

KÜNIGLBERG

Küniglberg på 261 meter er beliggende i 13. Bezirk, Hietzing, på grænsen mellem Hietzing og Lainz, i nærheden af Wienerwald. Bakken, Küniglberg, er opkaldt efter Wolfgang Künigl, som var kejserlig prokurator, det vil sige en person der var ansat til at overvåge og lede kejserens økonomiske transaktioner, desuden stod han for at forvalte godserne i Hütteldorf sogn. Når man i dag siger *Küniglberg* er det synonym med den østrigske radio- og tv-kanal ORF, da de har deres mediecentrum her.

FLAK-KASERNE KÜNIGLBERG

I juni 1938 blev der indrettet en kaserne for den tyske værnemagt på det 261 meter høje Küniglberg. Efter krigens afslutning blev kasernen benyttede til husly for familier, der havde mistet deres hjem under krigens bombardementer. I 1950erne ønskede det østrigske Forsvarsministerium at opføre en radarstation på kasernen, men på grund af beskyttelse af landskabet, blev projektet droppet. I stedet blev der på kaserneområdet opført et hovedkvarter for den østrigske medievirksomhed ORF.

ORF-ZENTRUM KÜNIGLBERG

Cirka halvanden kilometer fra den tidligere kejserlige sommerresidens Schloß Schönbrunn, finder man hovedkvarteret for den østrigske medievirksomhed ORF, eller Österreichischen Rundfunks. Hovedkvarteret befinder sig på Küniglberg. I 1967 blev det besluttet, at området i fremtiden skulle huse hovedsædet for ORF, da stedet lå godt i forhold til motorvejen. Arkitekt Roland Rainer blev valgt til at tegne de nye bygninger, som blev taget i brug løbende mellem 1972 og 1975. I dag er bygningerne arbejdsplads for godt 1.300 medarbejdere. Den tyske tv-station ZDF har lejet sig ind hos deres østrigske kolleger, hvorfra de sender nyheder om Østrig/Wien til de tyske skærme. I 2014 blev det besluttet, at alle ORFs lokalkontorer i Wien i fremtiden skulle samles på Küniglberg, det krævede en udvidelse og ombygning af de nuværende lokaler, det var det østrigske arkitektfirma Riepl/Kaufmann/Bammer der fik opgaven.

LAAER BERG

Laaer Berg, udtales Laa-a Berg, eller blot kort La-Berg, er beliggende i den sydlige udkant af Wien i 10. Bezirk, Favoriten. Det 251 meter høje bjerg er en del af det rekreative område Wienerberg, i området mellem Wiental, Donaukanalen og Donau, som er den østligste del af de nordlige Alper. I den nordlige del af området finder man et bebygget boligområde samt et fabriksområde med Ankerbrot-fabrikken, men det er også her man finder Østrigs mest trafikerede motorvej, Südosttangente. Mod nord finder man desuden naturbeskyttelsesområdet Laaer Wald, hvor man i udkanten kan opleve den lille forlystelsespark Böhmischer Prater. Mod vest finder man det store stadion Generali-Arena samt Laaerbergbad. Mod syd finder man boligkvarteret Per-Albin-Hansson-Siedlung, den store kurpark Oberlaa med de termiske bade, som blev anlagt i forbindelse med den internationale haveudstilling, *Wiener Internationalen Gartenschau*, *WIG*, i 1974. Den østlige del af bjergområdet benyttes til vinmarker.

I det 19. århundrede blev der udvundet ler på både Laaer Berg samt på Wienerberg, derfor var der talrige lergrave samt teglværker her. Et af de teglværker, som blev grundlagt her, og stadig eksisterer, er teglvirksomheden *Wienerberger AG*, som har teglværker i hele verdenen, heriblandt også i Danmark. I 1913 blev der mod øst opført en radiotelegrafistation til kortbølge, denne var i drift indtil 1985. Det var det tidligere statslige firma Radio Austria AG, som drev telegrafistationen, som sammen med kortbølgesenderen i Bad Deutsch-Altenburg blev benyttet til at behandle de internationale telegrafiske forbindelser. Oprindeligt blev senderen opført til militæret, primært til radiokommunikation med marinen. I 1920erne fungerede Laaer Berg som centrum for stumfilmproduktion, og den nuværende dam, Filmteich, i Kurpark Oberlaa, blev anlagt i 1920-1922 til optagelsen af filmen *Sodom und Gomorrha*, som blev produceret af Sascha-Filmindustrie AG. De fleste af kulisserne i filmen bestod af pap og træ, og der blev benyttet et sted mellem 3.000 og 14.000 statister. Filmen blev instrueret af Michael Curtiz, oprindeligt Mihály Kertész, som 20 år senere var manden bag filmen *Casablanca*.

Vinmarkerne på bjerget var tidligere ejet af klostret Stift Klosterneuburg, men markerne lå langt fra klostret og man mistede interessen for vinmarkerne. I stedet var det militæret som overtog området, som forvandlede det til et øvelsesterræn. Efter monarkiets opløsning i 1918 fik Stift Klosterneuburg muligheden for at få

området tilbage, men de sagde pænt nej tak. I stedet besluttede militæret at fordele området til de hjemvendte soldater fra Første Verdenskrig, og i 1920 eksisterede der stadig en baraklejr her. De hjemvendte soldater kunne forpagte et stykke jord for blot en østrigsk krone pr. år, men de forpligtede sig til at dyrke grøntsager og have husdyr, som eksempelvis høns. De små kolonihaver fik små huse, og folk fik et frirum her. Med tiden opstod der flere kolonihaveforeninger, boligområder med blandt andet kommunale boliger.

LAABER KAISERZIPF

Laaber Kaiserzipf er en 381,9 meter højt skovklædt bakke i den sydvestlige del af 13. Bezirk, Hietzing, på grænsen til Laab im Walde og Breitenfurt. Bjerget eller bakken er beliggende i Lainzer Tiergarten og er en del af Wienerwald-bjergkæden.

En af de oprindelige vogne på tandhjulsbanene til Kahlenberg

Laaber Kaiserzipf blev nævnt første gang i et skriftligt dokument i 1819. Navnet er opstået af den nærliggende landsby Laab im Walde samt fra en tidligere grundejer. Ordet Zipf stammer fra områdets spidse form.

LADENBURGHÖHE

Ladenburghöhe er en højderyg i 18. Bezirk, Währing, op mod Pötzleinsdorfer Schloßpark. Navnet kommer fra Ludwig Ladenburg (1817-1877), som ejede det nærliggende Schloß Pötzleinsdorf. Ludwig Ladenburg var en jødisk bankmand, som økonomisk støttede op omkring den østrig-ungarske Nordpolekspedition. Hans søster, Theodora Ladenburg (1819-1911) var gift med bankmand Eduard David Ellissen, hvis familie havde grundlagt papirfabrikken Theresienthaler Papierfabrik. Ludwig Ladenburg og hans hustru Julie er begge begravet på den jødiske kirkegård i Währing.

LATISBERG

Latisberg, som også kaldes for Cobenzl, er et 492 meter højt bjerg mellem Reisenberg og Vogelsangberg i 19. Bezirk, Döbling. Første gang man hørte om bjerget var i 1354 som leydasperg, i 1355 var navnet blevet til Laidersperg. Man formoder, at navnet stammer fra Leiderâtes perc, som er et ældre herrenavn. Leiderâtes betyder noget i retning af den der giver lidelses råd. Cobenzl, som bjerget også kaldes, var noget som grev Johann Philipp von Cobenzl gav Latisberg i det 18. århundrede, efter han havde købt

området omkring Reisenberg. Grev Johann Philipp von Cobenzl elskede musik og inviterede ofte Wolfgang Amadeus Mozart til sit slot, som blev inspireret af udsigten fra slottet. Wolfgang Amadeus Mozart skulle have skrevet følgende i et brev til sin fader, Leopold Mozart: ... der schöne Blick von Cobenzl zu Stadt Wien, aber ich habe 1,5 Stunden Gehweg zu meiner Baronin, die ich hier unterrichten muß... på dansk: ... den smukke udsigt fra Cobenzl til byen Wien, men jeg har 1,5 times gåtur til min baronesse, som jeg skal undervise her...

LEBERBERG

Leberberg er en 175 meter høj bakke i Kaiserebersdorf i 11. Bezirk, Simmering, på grænsen til Schwechat. Leberberg har fået sit navn fra ordet Leb(er), på mellemhøjtysk lê(wer), som betyder gravhøj, grav, høj. I 1990erne blev Leberberg udpeget til et byudviklingsområde ved byparken Leberberg. I løbet af 1990erne blev der opført en ny bydel her. Mellem 1996 og 1997 blev den romersk-katolske sognekirke St. Benedikt am Leberberg opført efter arkitekterne Wolfgang Zehetner, Walter Zschokke og Walter Michls tegninger.

LEBERECK

Lebereck er et 388 meter højt bjerg i Hütteldorf i 14. Bezirk, Penzing. Bjerget er et af de bjerge, som er beliggende længst mod vest. I 1897 forsøgte man at tynde ud i den, på det tidspunkt, 18 år gamle bøgeskov, med varierende mellemrum. Dette har man nu gjort i omkring 125 år, og de ældste bøgetræer er nu over 150 år gamle.

LEOPOLDSBERG

Cirka to kilometer fra Kahlenberg finder man Leopoldsberg, det er nok lidt meget at kalde Leopoldsberg for et *rigtigt* bjerg, i manges øjne er det *bare* en bakke på 425 meter. Bjerget er beliggende i 19. Bezirk, Döbling, i udkanten af Wienerwald og rent faktisk en del af Alperne. Leopoldsberg og Bisamberg danner Wienerporten, hvor Donau krydser grænsen ind til Wien. Første gang Leopoldsberg blev nævnt skriftligt var som *Chalwenberge* et sted mellem 1130 og 1136. Bjerget hed oprindeligt Kahlenberg,

muligvis på grund af dens beliggenhed ud mod Donau. Man har også tidligere stavet bjerget *Kalenberg, Kallenberg* samt *Chalenberg*. I det 12. århundrede fik kejser Leopold den Tredje opført en borg på Kahlenberg, Burg am Kahlenberg. Man begyndte allerede i starten af 1300-tallet at anlægge vinmarker på den nordlige skråning af Kahlenberg. Gennem tiden skiftede borgen på Kahlenberg ofte ejere, fra 1253-1258 var det Ottokar II. Přemysl som ejede borgen, i 1287-1288 var det Albrecht den Første som gemte sig på borgen for oprørte wienere. I 1484 blev borgen erobret af Matthias Corvinus, inden borgen i 1498 atter blev overtaget af Habsburgerne. Under den første

Mindesmærke for de ukrainske kosakker på Leopoldsberg

tyrkiske belejring, i 1529, blev borgen brændt ned, og ruinerne blev senere hen fjernet. Efter pestepidemien i 1679 stiftede kejser Leopold den Første kapellet Leopoldskapelle, der desværre blev ødelagt af tyrkerne under deres belejring i 1683. Efter Slaget am Kahlenberg, den 12. september 1683, blev kapellet genopført og viet til den Hellige Leopold i 1693, og bjerget skiftede navn til Leopoldsberg. I nærheden af Leopoldsberg, som oprindeligt hed Kahlenberg, finder man bjerget, som tidligere blev kaldt for Sauberg, men som nu hedder Kahlenberg.

I 1877 udvidede *ÖTK, Österreichischen Touristenklub*, den østrigske turistorganisation, en gammel sti til en promenadevej, som med årene er blevet udvidet og asfalteret. Ruten er 1,5 km lang og undervejs overvinder man 250 højdemeter, der er 9 trapper med i alt 310 trin samt 5 udsigtsplatforme. Turen starter på den gebyrpligtige p-plads i Kahlenbergerdörfl. Leopoldsberg er et af wienernes udflugtsmål i weekenden. Her finder man ikke kun Leopoldskirche, opkaldt efter Sankt Leopold, men også Leopoldsburg, som markgreve Leopold den Tredje fik opført og benyttede som residens. Den velbevarede bygning har flere gange været midtpunkt for krigshandlinger.

Herudover finder man et mindesmærke for de ukrainske kosakker, som hjalp wienerne i kampen mod tyrkerne i 1683. Mindesmærket er opstillet i 2013. Desuden er der et mindesmærke for de 200.000 krigsfanger og fordrevne som er stedt til hvile i *fremmed jord*, dette mindemærke blev afsløret i 1948. Den 10. oktober 1955 var et passagerfly på vej fra Beograd til London, de skulle efter planen mellemlande i Wien. Men det var tæt tåge den dag, og flyet, *Convair CV-340-58 (YU-ADC)* fra flyselskabet *JAT, Jugoslovenski Aerotransport*, kolligerede med Leopoldsberg. Ulykkesstedet var i nærheden af Josefinenhütte, der var 29 om bord på flyet, 7 mistede livet. På ulykkesstedet er der skabt et mindesmærke om til minde om flyulykken.

WIENER PFORTE

Wiener Pforte, Wienerporten, er beliggende mellem Leopoldsberg og Bisamberg, og danner den naturlige bygrænse på Donau. Det er grænsen mellem Wien og kommunerne Klosterneuburg og Langenzersdorf i delstaten Niederösterreich. Den naturlige grænse opstod for mere end 350.000 år siden i forbindelse med en erosion langs den geologiske linie mellem Wienerwald og Bisamberg. Wienerporten havde for al øst-vest trafik på Donau en stor historisk betydning, da det var med til at udvikle Wien som et handels- og trafikknudepunkt.

MICHAELERBERG

Michaelerberg er et 387 meter højt bjerg i den nordlige del af Wienerwald i 17. Bezirk, Hernals. Selvom bjerget er beliggende i Hernals, er bjerget omkranset af 18. Bezirk,

Währing, på tre af siderne. Bjerget er bevokset med skov, en blanding af forskellige træer. For foden af bjerget, mod syd, finder man kolonihaveforeningen Michaelerwiese.

MEISELBERG

Meiselberg er et 289 meter højt bjerg i bydelen Sievering, som er en del af 19. Bezirk, Döbling. Bjerget er en fortsættelse af Bellevuehöhe, som er afgrænset af Kaasgraben mod nord og Arbesbach mod syd. Bjerget er den nordøstlige del af de østlige Alper. Meiselberg har fået sit navn, formodes det, på grund af den skarpt markerede ryg, som sagtens kunne forestille sig at være knivsægget på en mejsel, som på tysk hedder Meißel.

MITTLERE EICHBERG

Mittlere Eichberg, som også kaldes for Vordere Eichberg, er et 372 meter højt bjerg i 13. Bezirk, Hietzing. Bjerget, som er en del af Lainzer Tiergarten og en del af Wienerwald-bjergkæden, er beliggende på grænsen til 23. Bezirk, Liesing, samt Breitenfurt i delstaten Niederösterreich. I nærheden finder man Kaiserzipf, Kleine Eichberg samt Faßlberg. Det formodes, at bjergets navn stammer fra bestanden af egetræer.

NEUBERG

Neuberg er et 418 meter højt bjerg i 19. Bezirk, Döbling, på grænsen mellem Obersievering og Salmannsdorf og øst for Dreimarkstein. Bjerget blev nævnt første gang i 1299 i forbindelse med en vingård. Navnet skulle eftersigende være kommet fra anlæggelsen af en ny vinmark på bjergets sydlige skråning.

NIKOLAIBERG

Nikolaiberg er et 273 meter højt bjerg i den nordlige del af 13. Bezirk, Hietzing, som en del af Lainzer Tiergarten. Nikolaiberg hæver sig over Wiental. Mod syd finder man Hagenberg, mod sydvest ligger Hackinger Wiese, mod sydøst Nikolaiwiese og Nikolaikapelle. Under en del af Nikolaiberg finder man Lainzer Tunnel, som er en jernbanetunnel, der benyttes af WestBahn. Man hørte om Nikolaiberg første gang i 1788, og er opkaldt efter det nærliggende kapel, Nikolaikapelle, som har været kendt siden 1321, og som i århundreder hørte under kirkesognet Hütteldorf. Kapellet og området, herunder bjerget, har siden 1833 været en del af Lainzer Tiergarten.

NUSSBERG

Nussberg, som indtil 1999 også hed Nußberg, er et 342 meter højt bjerg i bydelen Nussdorf i 19. Bezirk, Döbling. Nussberg er beliggende nord for Nussdorf, og grænser op til Leopoldsberg og Kahlenberg. Bjerget er beliggende i den østlige udkant af Wienerwald og er den yderste del af de østlige Alper. Første gang man hørte om Nussberg på skrift var som *Nuzperc* i 1226, og fra det 14. til 16. århundrede blev bjerget kaldt for *monte nucum*. Navnet henviser til, at området tidligere var beplantet med nøddetræer og hasselnøddebuske. Siden hen er bjerget blev anvendt til vinmarker, og vinbønderne benytter Nussberg, til dyrkning af druer til hovedsageligt hvidvine, som mest kendes som *Gemischten Satz*, som er en blanding af forskellige druesorter.

PFAFFENBERG

Pfaffenberg, som også kaldes for Pfaffenkogel, er et 415 meter højt bjerg i 19. Bezirk, Döbling. Pfaffenberg ligger nordøst for Neuberg og syd for Latisberg. Pfaffenberg blev nævnt første gang i 1340, og navnet stammer fra det oldhøjtyske ord *Pfaffe*, som betyder *præst*. På Pfaffenberg ligger *der Himmel*, som tidligere var en herregård samt en kro, som var ejet af kirken. I 1784 blev området erhvervet af hofråd Binder von Krieglstein, som opførte et lille slot der. I 1854-1856 opførte købmand Johann Carl Freiherr von Sothen et kapel, Sisi-Kapelle, på bjergets sydside. *Der Himmel* er i dag et yndet udflugtsmål for mange wienere.

REISENBERG

Reisenberg, som også kaldes for Am Cobenzl, er et 382 meter højt bjerg, som er den del af Latisberg i 19. Bezirk, Döbling. Navnet Reisenberg stammer formodentligt fra de trærender, der blev benyttet til at transportere træstammerne ud af skoven, man benyttede primært disse render i svært tilgængelige områder i skoven. Første gang man skriftligt hørte om Reisenberg var som *Reysenperge* i 1238, da klostret Stift Zwettl havde en vingård her. Vingården blev i det 14. århundrede overtaget af klo-

stret Stift Klosterneuburg. I det 16. århundrede gav kejser Rudolf den Anden området, som tidligere havde været ejet af Klarisserklostret i Grinzing, til Jesuiterordenen, som i det 17. århundrede erhvervede vinområdet på Reisenberg fra klostret Stift Klosterneuburg. Til munkene blev der opført to mindre slotte på Reisenberg. Da Jesuiterordenen blev opløst af Paven i august 1773, blev Reisenberg og vinmarkerne overtaget af grev Johann Philipp Cobenzl, som ombyggede de to mindre slotte til et *rigtigt* slot og oprettede et mejeri.

Området blev gjort offentligt tilgængeligt og produkterne fra mejeriet blev solgt inde i Wien. Dermed blev området meget populært, og mange kaldte området for Cobenzl. Efter grev Johann Philipp Cobenzls død i 1810 skiftede området ejere flere gange. En af ejerne var baron Franz Simon Pfaff von Pfaffenhofen, hvor Johann Strauss Vater optrådte flere gange. I 1835 forvandlede Karl von Reichenbach slottet til en forsøgsstation, men på grund af økonomiske vanskeligheder kunne Karl von Reichenbach ikke beholde slottet, så Johann Freiherr von Sothen erhvervede slot og område i 1855. Han ejede i forvejen Schloß Belle Vue, og i 1854-1856 fik han opført Sisi-Kapelle Am Himmel, og 1867 købte kan desuden skovkroen i Krapfenwaldl. Det lille kapel blev opført til minde om brylluppet mellem kejserinde Sisi og kejser Franz Joseph i 1854. Det var på initiativ fra

Johann Carl Freiherr von Sothen, at arkitekt Johann Garben tegnede kapellet, som blev kaldt for *Kapelle am Himmel.* Efter færdiggørelsen af kapellet blev det viet til kejserparrets navnehelgener, nemlig den Hellige Elisabeth, den Hellige Franz von Assisi samt den Hellige Josef. Men det er faktisk slet ikke et kapel, men et gravkapel for Johann Carl Freiherr von Sothen og hans hustru Franziska. De var ikke et spor adelige, den adelige titel var en Herr Sothen havde købt sig til, til daglig var han *bare* indehaver af den lokale kiosk, hvor han solgte lodsedler der var udløbet. Herr Sothen blev skudt under en jagt i 1881, og tusindvis af wienere overværede hans bisættelse, for at være sikker på, at svindleren var død. Kapellet blev stærkt ødelagt under Anden Verdenskrig og stod i mange år hen i forfald. Med angst for vandalisme og hærværk fjernede man alterbilledet. I 1997 blev store dele af området *Am Himmel* solgt, og i 2002 blev kapellet også købt af samme købere, der renoverede hele området. Ægteparret von Sothen er i dag begravet udenfor gravkapellet.

Schloß Cobenzl blev i 1887 købt af et konsortium, som forvandlede slottet til et hotel, men det gav ikke den ønskede omsætning, så slottet blev solgt til byen Wien i 1907, som allerede i 1905 havde lagt planer frem om at anlægge en vej i området. Under Anden Verdenskrig tjente hotellet som lazaret samt som kommandocentral for en deling soldater, og ved siden af hotellet blev der opført en baraklejr. Efter krigen fungerede hotel og baraklejr som flygtningelejr indtil 1951. I 1966 blev hotellet revet ned. Et stykke fra hotellet var der før krigen blevet opført en restaurant-café, som var ejet af familien Hübner, som også ejede stedet efter krigens afslutning. Stedet var ejet af familien indtil 1974, hvor efter stedet stod tomt i mange år, indtil den genåbnede i 1983 og var i drift frem til 2017. I nærheden af slottet lå der, eller ligger, en gård, som siden slutningen af 1980erne har fungeret som vingård med navnet *Wiengut Wien Cobenzl.* Til vingården hører også et lille landbrug med forskellige dyr, som er åbent for publikum.

ROSENHÜGEL

Rosenhügel er et en 258 meter høj bakke i den sydvestlige del af Wien i nærheden af Wienerwald, Küniglberg og bakken med Gloriette i slotsparken ved Schloß Schönbrunn. Den nordlige og vestlige del af området hører til 13. Bezirk, Hietzing, den østlige del hører til 12. Bezirk, Meidling og den sydlige del hører til 23. Bezirk, Liesing. Bydelsgrænsen mellem de tre bydele mødes på pladsen Am Rosenhügel i 241 meters højde. Bakken har fået sit navn efter der tidligere har været dyrket roser i området. I radiohistorien spiller Rosenhügel en vigtig rolle, for det var her radiostationen RAVAG den 30. januar 1926 kunne tage den store radiomast på 85 meter i drift. Den var i drift indtil 28. maj 1933, da man tog den noget større sendemast på Bisamberg i drift. I 1965 blev radiomasten her på Rosenhügel revet ned. Rosenhügel er, særligt mod syd, præget af villakvarterer, kommunale boliger samt tre boligområder fra 1920erne. Rækkehusene blev opført i 1921-1927 efter arkitekterne Emil Krause og Hugo Mayers tegninger, som var inspireret af princippet med selvforsyning.

Mod vest opstod der et boligkvarter, kunstnerkvarteret, som blev opført i 1922-1924 efter Emil Krauses tegninger. Kvarteret består af rækkehuse til fattige kunstnere, som kunne have deres små værksteder på husets øverste etage, hvor arkitekten havde bestemt, at der skulle være høje vinduer, som både kunne skabe godt lys og muligvis også fungere som udstillingsvinduer. Mod syd blev der i 1921 oprettet en kolonihaveforening med 82 grunde, og mod sydøst fulgte der i 1924 endnu en kolonihaveforening med 282 grunde. Det var også i dette område Rosenhügel-Filmstudierne lå, og eksisterede indtil 2017. Mod nord finder man desuden flere hospitaler, herunder det neurologiske hospital *Neurologische Zentrum Rosenhügel*, som åbnede i 1912 som *Nathaniel Freiherr von Rothschild'sche Stiftung für Nervenkranke*. Lidt længere mod nord finder man det ortopædkirurgiske hospital *Orthopädisches Spital Speising*, som åbnede i 1910. Desuden finder man også flere andre sundhedsfaciliteter, heriblandt det neurologiske rehabiliteringscentrum, der blev opført i 1998-2002

efter arkitekt Franz Fehringers tegninger. Mod vest finder man Hietzinger Bad samt to skoler, nemlig erhvervsskolen for økonomiske erhverv og turisme samt uddannelsesinstitutionen for døve. Mod øst finder man Südwestfriedhof, der er den næststørste kirkegård i Wien.

ROSENHÜGEL FILMSTUDIO
Rosenhügel Filmstudierne blev opført mellem 1919 og 1923. Da filmstudierne stod færdigbygget var de Østrigs største og mest moderne filmstudier. Allerede før studierne var færdigbygget blev der optaget film her, blandt andet filmen *Samson og Delila* som fik premiere i 1922. I starten var det Vita-Film som ejede filmstudierne, men de gik konkurs i 1924, hvorefter studierne stod tomme frem til 1933, da Tobis-Sascha-Filmindustrie overtog studierne, og fornyede dem, således at man også kunne optage film med lyd, indtil da havde man kun optaget stumfilm. I 1934 blev filmen *Maskerade* med Paula Wessely optaget her. Senere i 1934 stoppede Tobis-Sascha-Filmindustrie med at producere film og studierne blev udlejet til andre producenter. Blandt andet blev indendørsscenerne til komedien *Hotel Sacher* optaget her.

Efter tyskernes annektering af Østrig, i marts 1938, blev også den østrigske filmbranche underlagt tyskernes kontrol, censur om man vil. Tobis-Sascha blev opløst og Wien-Film blev grundlagt. Mellem 1939 og 1941 blev der ved siden af studierne opført klipperum, synkronise-ringshaller og kontorer. Under Anden Verdenskrig var Rosenhügel-Studi-erne en af de største filmproducen-ter i det tyske rige. Kort før krigens afslutning fik en medarbejder, Dr. Prohaska, beskeden om at sprænge studierne i luften, så de ikke faldt i hænderne på den sovjetiske Røde Hær. Men produktionslederen Karl Hartl fik, sammen med et par med-arbejdere, forpurret dette.

Studierne i Sievering og centralen i Siebensterngasse blev efter kri-gen kontrolleret af de amerikanske besættelsestropper, mens Rosenhü-gel-Studierne blev kontrolleret af de sovjetiske besættelsestropper, der dog førte studierne videre un-der *USIA* under navnet *Wien-Film am Rosenhügel,* indtil Østrig i 1955 atter blev en selvstændig republik. I 1955 overgik studierne til staten, som ikke havde interesse i at fortsætte en filmproduktion. Personalet mi-stede deres arbejde, og efter mange forhandlinger med det østrigske tv- og radioselskab ORF, overtog ORF i 1966 samtlige studier. Indtil salget til ORF blev studierne udlejet til an-dre filmselskaber. Mellem 1965 og 1976 blev der ikke produceret film på Rosenhügel.

I 1990 begyndte rygterne at svire om, at filmstudierne skulle rives ned for at give plads til et indkøbscenter. Men det blev forhindret med hjælp fra bystyret i Wien og delstatsre-geringen i Wien. Der blev lavet en lejeaftale med et nyt selskab, *Film-stadt Wien Studio GesmbH,* som be-stod af fire filmproducenter og deres virksomheder. De nye lejere renove-rede studierne, og fra 1996 blev der atter produceret film og tv i studi-erne. I starten af oktober 2008, be-gyndte rygterne at svire igen, denne gang kunne ORF bekræfte, at man ønskede at sælge Rosenhügel-Stu-dierne, hvorefter *Filmstadt Wien Studio GesmbH* fik mulighed for at forlænge deres lejeaftale, det gjor-de de. I 2014 valgte de dog at flytte til det nye Media Quartier Marx i 3. Bezirk, Landstraße. Der blev herefter udskrevet en arkitektkonkurrence som arkitekterne Berger+Parkinnen & Christoph Lechner samt Beck-mann/N'Thepe vandt, og der blev, i den nu tidligere filmby, opført syv boligblokke med 204 lejligheder, en børnehave og et supermarked. Dele af filmstudierne overlevede, på grund af, at de var fredet, store dele af filmbyen anvendes dog til andre formål, men synkroniseringshallen overlevede, hvor der stadig dufter lidt af film, da man her, blandt an-det, synkroniserer internationale film. Udover filmstudierne var der et kæmpe udendørsareal på 25.000 m², en 8.000 m² stor udendørssce-ne samt en drejeskive på 25 meter i diameter, der blev benyttet til uden-dørsfilmscener, som man kunne dre-je efter hvilken retning solen var.

ROSSKOPF

Roßkopf, eller Rosskopf, er et 507 meter højt bjerg i 14. Bezirk, Penzing, i den nordlige del af Wienerwald. Roßkopf er blandt de syv bjerge i

Wien, som alle er mere end 500 meter høje, Roßkopf er det laveste af de syv. Bjerget befinder sig øst for Sophienalpe i nærheden af grænsen til delstaten Niederösterreich. Der er flere vandreruter her, og landevejen Landesstraße 120 passerer tæt på toppen.

ROTER BERG

Roter Berg er et 262 meter højt bjerg i 13. Bezirk, Hietzing. Bjerget befinder sig syd for bydelen Ober-St.-Veit ved grænsen til bydelen Lainz. Roter Berg danner sammen med Girzenberg og Trazerberg et sammenhængende grønt rekreativt område, med vandrestier, vandlegeplads samt områder til sport og boldspil. Under området finder man jernbanetunnellen Lainzer Tunnel, som går fra nordvest til sydøst, som det østrigske jernbaneselskab ÖBB tog i drift i 2012. Første gang man hørte om Roter Berg var i 1819. Navnet stammer fra den røde jord, som befinder sig her. Den røde farve skyldes en høj andel af jernoxid. Store dele af bjerget har gennem tiden været benyttet som landbrugsjord, blandt andet til dyrkning af vin, som græsningsarealer samt til skovbrug.

SATZBERG

Satzberg er 435 meter højt bjerg i den nordlige del af Hütteldorf i 14. Bezirk, Penzing. Satzberg var oprindeligt en skov, men træerne blev fældet under Første Verdenskrig og beboet af illegale bosættelser, i dag er der lovlige kolonihaveforeninger, hvor størstedelen har tilladelse til

at blive bo der hele året. Om sommeren er det et yndet udflugtsmål for mange wienere, blandt andet går vandreruten Stadtwanderweg 4 gennem området. Om vinteren, når der er sne, forvandles Satzberg sig til et bynært skiområde, dog uden lifter, hvor wienerne står på ski eller kælker. I 2010 blev det nederste af Satzberg åbnet op for offentligheden, dette område kaldes for *Paradies*, eller *Paradis* på dansk. Efter åbningen af området, er kælkebakken fordoblet. Som nævnt, så er der ingen skilifte i området, så den der vil til toppen må gå ... eller tage Ski-bus 52b fra Bahnhof Hütteldorf til boligområdet Kordon, som er det tætteste stoppested på toppen af Satzberg.

SAUBERG

Sauberg er et 259 meter højt bjerg i Mauer i 23. Bezirk, Liesing. Navnet må ikke forveksles med det gamle navn for Kahlenberg. Sauberg er præget af boligområder med villaer og boligblokke. I området omkring Rudolf-Zeller-Gasse og Anton-Krieger-Gasse i den østlige del af Sauberg, har man i undergrunden fundet resterne af en tidligere romersk vandledning, som forsynede romernes lejr, Vindobona, med vand. Vindobona var forløberen for det nuværende Wien.

SCHAFBERG

Schafberg er et 390 meter højt bjerg på grænsen mellem 17. Bezirk, Hernals, og 18. Bezirk, Währing. Fra toppen af Schafberg kan man se over

Wien og Wienerwald. Bjerget er det højeste i Währing, mod syd er store dele af området bebygget med villaer. På bjerget finder man Schafbergbad samt Schafbergkirche. Bjerget, her i Wien, må ikke forveksles med bjerget med samme navn, som er beliggende ved Wolfgangsee og byerne Sankt Gilgen og Sankt Wolfgang.

SCHENKENBERG

Schenkenberg er et 345 meter højt bjerg i Obersievering i 19. Bezirk, Döbling. Første gang man hørte om Schenkenberg var som *Schenkenberge* i år 1329. Man formoder, at navnet stammer fra adelsslægten Schenken, som boede her. Familien Schenken fra Schenkenberg er en gammel schweizisk adelsslægt, som man også opkaldte området mellem Fricktal og Ergow efter. Området kendes i dag bedre som den schweiziske kanton Aargau. I 1243 nævnes *H. De Schenkenberc zu Bremgarten* i et dokument sammen med greverne Rudolf og Hartmann von Habsburg. I november 1301 gav Euphemia Schenkin von Schenkenberg nonneklostret i Tulln en sum penge. Bjerget Schenkenberg er i dag omgivet af talrige vinmarker.

SCHUTZENGELBERG

Schutzengelberg er med sine 508 meter det højeste bjerg i 14. Bezirk, Penzing. Bjerget er beliggende i den nordlige del af Wienerwald på grænsen til delstaten Niederösterreich. Der er flere vandreruter på bjerget.

SOPHIENALPE

Sophienalpe er en alm/sæter i 477 meters højde i det vestlige Wien, og et yndet udflugtsmål for mange. Sophienalpe er opkaldt efter ærkehertuginde Sophie, som var mor til kejser Franz Joseph den Første, som ofte var her om sommeren. Man kan komme herop via talrige vandreruter, via Sophienalpenstraße samt via Exelberg. Syd for Sophienalpe finder man Franz-Karl-Fernsicht (488 meter), hvorfra man kan se talrige bjergtoppe i Wienerwald, heriblandt Gutensteiner Alpe samt Schneeberg, som er det højeste bjerg i Niederösterreich. Franz-Karl-Fernsicht er opkaldt efter ærkehertug Franz Karl, som var gift med ærkehertuginde Sophie.

STEINBERG

Steinberg er et 251 meter højt bjerg i 23. Bezirk, Liesing. Steinberg er beliggende mellem bydelene Mauer og Atzgersdorf mellem Rosenhügel i nord og Sauberg i syd. Mod sydøst blev der i århundreder udvundet kalksandsten i stenbruddet i Atzgersdorf. I 1867 blev der indviet en kirkegård, Friedhof Mauer, på Reiterberg. Mellem 1870 og 1873 blev der opført to akvædukter til Wiens første vandledning. Akvædukt Mauer er beliggende i Endresstraße og akvædukt Speising er beliggende i Tullnertalgasse. I den østlige del af Steinberg, mere præcis i området mellem Rudolf-Zeller-Gasse, Ruzickagasse og Tullnertalgasse har man i forbindelse med arkæologiske udgravninger fundet en del af den tidligere underjordiske romerske vandledning, som forsynede romernes legionslejr Vindobona med vand. Derudover har man fundet flere dele af vandledningen i området omkring det tidligere stenbrud. I området mellem Rosenberggraben og Tullnertalgasse har man fundet spor efter en gammel akvædukt.

STEINERNE LAHN

Steinerne Lahn er et 448 meter højt bjerg i bydelen Hadersdorf-Weidlingau i 14. Bezirk, Penzing. Bjerget er beliggende i den nordlige del af Wienerwald. Det er netop her på Steinerne Lahn at vandløbet Als har sit udspring. *Læs eventuelt mere om Als på side 129 i denne bog.*

STRANZENBERG

237 meter høje Stranzenberg er beliggende i 13. Bezirk, Hietzing, hvis navn kommer fra en vingård frasenmiddelalderen. Bjergets højeste punkt er beliggende i nærheden af krydset mellem Wattmanngasse og Elisabethallee ved den nuværende bosættelse Josef-Afritsch-Siedlung. I 1909 blev sårede og invalide soldater flyttet fra det gamle invalidehus i 3. Bezirk til det nye invalidehus, som var blevet opført i dette område. Omkring år 2000 blev området med de syv bygninger og en kirke, i alt 33.000 m², solgt til den østrigske stat.

TRAZERBERG

277 meter høje Trazerberg er beliggende i 13. Bezirk, Hietzing, mere præcis mellem Trazerberggasse, Einsiedeleigasse og Angermayergasse, cirka 400 meter syd for kirken

Kahlenberg og Leopoldsberg

Ober-St.-Veiter Pfarrkirche. 250 meter mod sydøst finder man Girzenberg og yderligere 400 meter mod øst finder man Roter Berg, som til sammen danner et sammenhængende rekreativt område. I 1880 blev der på bjerget opført en villa, som i 1921 blev ombygget til Villa Blum, som under det nazistiske regime blev taget fra den oprindelige ejer. I kælderen blev der oprettet et produktionsværksted, som hørte under Ernst Henckel flyværksted. Efter Anden Verdenskrigs afslutning valgte den oprindelige ejer at sælge villaen til Landbrugsministeriet, som benyttede villaen til møder og konferencer. Villaen har siden 2007 huset en uddannelsesinstitution indenfor landbrug og klima.

Vogelsangberg

Vogelsangberg er et 516 meter højt bjerg, det er beliggende i Grinzing i 19. Bezirk, Döbling, på grænsen til delstaten Niederösterreich og Klosterneuburg. Vogelsangberg er Wiens tredje højeste bjerg. Der er flere vandreruter, der forbinder Vogelsangberg med Hermannskogel, Kahlenberg og Latisberg.

Wienerberg

Wienerberg, eller Wiener Berg, er et 244 meter højt bjerg i den sydlige del af Wien, mere præcis i 10. Bezirk, Favoriten. Området er et 117 hektar stort rekreativt område med et rigt plante- og dyreliv. Wienerberg er beliggende mellem Donaukanalen, Donau, floden Liesing, motorvej A23, Raxstraße, Wienerbergstraße

og Eibesbrunnergasse, og danner bydelsgrænsen mellem 10. Bezirk, Favoriten, og 12. Bezirk, Meidling. Et af områdets vartegn er det gamle vandtårn i Favoriten. Et andet vartegn er Spinnerin am Kreuz, som tidligere var her, hvor der lå to henrettelsespladser.

Tidligere blev Wienerberg benyttet til udvinding af ler til teglproduktion. I 1775 grundlagde kejser nde Maria Theresia det første statslige teglværk her, som i 1820 havde udviklet sig til Europas største teglværk. Det, stadig, eksisterende Wienerberger Teglværk blev grundlagt her i 1819, som har produceret teglsten og mursten til talrige monumentale byggerier i Wien, som eksempelvis Hauptzollamt, Arsenalet, utallige arbejderboliger og sociale byggerier. I 1960erne var det slut med at udvinde ler til teglværkerne, og teglværkerne lukkede og flyttede. Tilbage var der et goldt område, som i flere år blev benyttet til affaldsdepot. Siden hen er der opstået en ny bydel her, hvor der i 1990erne og 2000erne blev opført talrige boligblokke og kontorhuse, herunder højhusene Vienna Twin Tower. Men man har også skabt et rekreativt område med en vandrerute på cirka 14 km, flere små og større damme, legepladser, boldbaner og cykelruter.

Wilder Berg

Wilder Berg er et 370 meter højt bjerg i Mauer, 23. Bezirk Liesing. Bjerget er beliggende i Maurer Wald, som er en del af Wienerwald, mere

123

præcis mellem Faßlberg og Antonshöhe. På den nordvestlige del af Wilder Berg lå der fra 1834 en skydebane, som soldaterne på de to kaserner i Mauer benyttede. I 1865 blev der syd for toppen oprettet en civil skydebane samt en restaurant. Efter Første Verdenskrig lukkede man militærets skydebane og på området blev der opført et rekreationshjem for kvinder, som i 1920 blev forpagtet til plejehjem. Men det lukkede omkring 1933 og bygningerne blev revet ned. Under Anden Verdenskrig blev der igen anlagt en skydebane til militæret, som eksisterede indtil cirka år 2000. Efter Anden Verdenskrig blev der opført en ny restaurant, Rasthaus Schießstätte, ved den civile skydebane.

WOLFERSBERG

Wolfersberg er et 322 meter højt bjerg mellem Hadersdorf-Weidlingau og Hütteldorf, 14. Bezirk, Penzing. Wolfersberg hører til bjergkæden Wienerwaldgebirge, som er en del af de østlige Alper. Navnet Wolfersberg stammer fra dyret, ulven, som er hjemmehørende i dette område. I 1560 købte kejser Ferdinand den

Donau

Første godset Gut Auhof, dele af Wolfersberg og det nærliggende Bierhäuselberg. I området lå den såkaldte Wolfsgarten, hvor ulvene blev drevet ind til, og hvor de kejserlige jagtselskaber kunne jage dem. Området blev nedlagt i det 17. århundrede. I 1846 skød ærkehertug Franz Karl den sidste ulv i reviret omkring Hütteldorf.

I 1890 blev Hütteldorf indlemmet i Wien, og store dele af Wolfersberg blev en del af Wien. Under Første Verdenskrig opførte man befæstningsanlæg og skyttegrave på bjerget, hvorfra man kunne beskytte Wien. I den kolde vinter 1918-1919 blev alle træerne på bjerget fældet for at skaffe brænde til wienerne. I 1920 begyndte man at bygge de første huse på bjerget. Det første hus stod færdig i 1921 og den første vej blev anlagt i 1922. Der blev opført 60 huse på bjerget. Mod øst opstod boligkvarteret Planetenviertel, hvis gader er opkaldt efter en række planeter. I 1929 blev der grundlagt en kolonihaveforening. I 1949 blev den romersk-katolske sognekirke Pfarrkirche St. Josef am Wolfersberg opført efter arkitekt Ladislaus Hruskas planer. I 1950 stod folkeskolen Volksschule Mondweg, tegnet af arkitekt Friedrich Schlossberg, samt vandtårnet Wolfersberg færdigbygget. Fra 1950 til 1970 blev der desuden opført en lang række boligblokke. Parken Parkanlage Wolfersberg har siden 1945 været et yndet mødested for de lokale, der er to legepladser samt en boldbane.

Til de grønne oaser hører også skovene, heriblandt den måske mest kendte, Wienerwald.

KRAPFENWALDL
Krapfenwaldgasse 65-73 • 1190 Wien

Krapfenwaldl er et 354 meter højdedrag, bakke eller *bjerg* samt et skovområde i 19. Bezirk, Döbling. Krapfenwaldl er beliggende mellem Muckental, Schreiberbach og Nesselbachtal, som er beliggende øst for Reisenberg i Cobenzl. Navnet Krapfenwaldl stammer fra den hemmelige krigsråd Franz Joseph Krapf, der i det 18. århundrede fik opført et skovhus her. På dette tidspunkt blev området også kaldt for *Musikantengehege, musikernes indhegning*, som var et indhegnet vildtområde, hvor musikerne fra kejser Karl den Sjettes hofmusikkapel kunne gå på jagt. Efter Franz Joseph Krapfs død købte vinbonde Leopold Seidl huset og omdannede det til en kro. Han anlagde vandrestier og opstillede bænke i området. Fyrst Johann zu Liechtenstein købte området i 1806, og fik opført et lysthus på toppen af højdedraget. Området blev senere lagt ind under godset Gut Reisenberg, og baron Sothen udvidede kroen.

Efter tandhjulsbanen mellem Wien og Kahlenberg, der havde en station her, åbnede, kom der flere og flere besøgende til. Byen Wien købte Krapfenwaldl i 1909. Under Første Verdenskrig blev området benyttet som reservelazaret og i 1923 blev der anlagt et friluftsbad, Krapfenwaldlbad, og kroen blev en del af friluftsbadets område, som i dag er 50.000 m² stort. Krapfenwaldl er desuden en polka, *Im Krapfenwaldl*, som blev komponeret af Johann Strauss Sohn. Desuden findes der et sagn om Krapfenwaldl, *Der Teufel im Krapfenwaldl*, dansk: *djævlen i Krapfenwald*, hedder det.

SAGNET OM DJÆVLEN I KRAPFENWALD
Der var engang en ung håndværkersvend, som på fastelavnsdag i Krapfenwald, ønskede *Krapfen*, som er det som vi kender som *berlinere*, de der kager med syltetøj i midten og med masser af sukker på toppen. Med et stod der en skål fyldt med Krapfen foran ham. Den unge håndværkersvend blev noget chokeret, men gik videre, pludseligt stod en lille sort dværg foran ham. Den lille dværg ville give håndværkersvenden endnu en skål med Krapfen, dog på en betingelse... håndværkersvenden skulle give sin sjæl til dværgen. Den

Statue i Stadtpark

unge håndværkersvend ville ikke helt tro på dværgen, som egentlig var djævlen. Derfor sagde håndværkersvenden til dværgen *bliv så stor som en kæmpe, derefter så lille som et agern*. Dværgen forvandlede sig først til en stor kæmpe, herefter til et lille agern. Da den unge mand havde set det, puttede han det lille agern ned i en pose og bar det til et låsesmedværksted i Grinzing og hamrede på agernet, indtil dværgen/djævlen lovede, at den ikke ville tage håndværkersvendens sjæl. Skoven er siden blevet kaldt for Krapfenwald.

LAINZER TIERGARTEN
Lainzer Tor • Hermesstraße
1130 Wien

Lainzer Tiergarten er et tidligere jagtområde, som kan dateres tilbage til omkring år 1561, da Ferdinand den Første oprettede et indhegnet jagtområde. I 1781 blev træhegnet udskiftet med en 24,2 km lang stenmur. Området har siden 1919 været tilgængeligt for offentligheden udenfor jagtsæsonen. Området var dog lukket helt mellem 1940 og 1955. Indtil 1973 skulle besøgende betale en entré for at komme ind i dyrehaven, men i dag er der fri entré. Området, som er beliggende i det sydvestlige hjørne af Wien, mellem 13. og 23. Bezirk, er et 2.450 hektar stort naturreservat, der har bevaret sin naturlighed og benyttes stadig som jagtrevir. Store dele af Lainzer Tiergarten gik tabt under Første Verdenskrig, da man valgte at opføre Friedenstadt i den østlige del af dyrehaven. I 1960erne mistede man yderligere en del af dyrehaven, da vestmotorvejen, Westautobahn, blev anlagt i det nordvestlige hjørne. Dette blev dog erstattet af et tilsvarende område, nemlig Laaber Wald, i det sydøstlige hjørne. Lainzer Tiergarten er i dag hjemsted for et sted mellem 800 og 1.000 vildsvin, 200 til 250 dådyr, 80 til 100 kronhjorte samt cirka 700 caprinaer, som er gedeantiloper.

HERMESVILLA
Lainzer Tiergarten • 1130 Wien
www.wienmuseum.at/de/standorte/
hermesvilla

Hermesvilla er et lille jagtslot i Lainzer Tiergarten. Kejser Franz Joseph opførte slottet som en gave til sin hustru, Elisabeth, Sisi. Jagtslottet blev tegnet af arkitekt Karl von Hasenauer, og opført mellem 1882 og 1886. Det lille jagtslot skulle oprindeligt hedde *Villa Waldruh*, men i 1885 blev det besluttet af jagtslottet skulle have navnet *Villa Hermes*, efter den skulptur, *Hermes der Wächter, vogteren Hermes,* som den berlinske billedhugger Ernst Herter skabte til haven. I 1886 var villaen og de øvrige bygninger færdige, herunder kejserindens rideskole. Det blev et sted, som kejserinde Sisi yndede at komme, når hun havde brug for at trække sig tilbage og være alene. Kejserparret benyttede ofte villaen sammen i nogle dage eller nogle uger i foråret. Vejen op til Hermesvilla, Hermestraße, var den første gade i Wien, der fik elektrisk lys, og i 1896 blev der etableret en direkte telefonlinie til telefoncentralen i Wien. Fra 1855 til 1918 og monarkiets opløsning var Lainzer Tiergarten og Villa Hermes i kejserfamiliens ejendom, men tilfaldt Republikken Østrig i 1918. Senere blev området og villaen overtaget af byen Wien.

Mellem 1945 og 1955 lå både dyrehaven og villaen i den sovjetiske besættelseszone, og villaen blev benyttet af sovjetiske soldater. Mellem 1968 og 1974 blev villaen gennemrenoveret, og er i dag en del af Wiens Museum. På første sal finder man kejserindens private gemakker, herunder hendes gymnastiksal. Der er vægmalerier af diverse former for sport, de er malet af August Eisenmenger, Hugo Charlemont og Adolf Falkenstein. I soveværelset er der også vægmalerier, her er der motiver fra Shakespeares *Skærsommernatsdrøm*, malet af Hans Makart. I salonen er der loftsmalerier, dog rekonstruerede, af Frantz Matsch, Gustav Klimt og Georg Klimt. I nærheden af slottet finder man skulpturen *Elisabeth*, som blev udført af Ulrike Truger, som siden 2001 har været en del af haven. Skulpturen symboliserer *tvang, flugt og frihed*, som passer godt til kejserindens liv og personlighed. Skulpturen er skabt af Carrara-marmor, den er cirka 2,5 meter høj og vejer cirka 6,5 tons. Skabet symboliserer tvangen, jakken symboliserer flugten og vingen symboliserer friheden. Fra 1950erne til 2005 blev kejserindens stalde benyttet af Den Spanske Rideskole, som benyttede staldene som sommerindkvartering til deres Lipizzanerhingste.

MAURER WALD

Maurer Wald, eller Maurerwald, er et cirka 4 km² stort skovområde i den sydvestlige del af Wien, størstedelen af området hører til 23. Bezirk, Liesing. Skoven er en del af naturbeskyttelsesområdet og biosfæreparken Wienerwald.

NAPOLEONWALD

Napoleonwald er et skovområde i den sydlige del af 13. Bezirk, Hietzing, nærmere præcis mellem Jaunerstraße, Augasse, Anatourgasse og Felixgasse. Napoleonwald er cirka 3,25 hektar stor, og var indtil cirka 1954 en ren egetræsskov. Efterhånden som egetræerne, hvor mange af dem blev plantet under Napoleons besættelse af Wien i starten af 1800-tallet, blev fældet, blev der plantet andre træsorter i skoven. Skovens navn stammer fra Napoleonskrigene, hvor man fældede de oprindelige træer. Træet blev fragtet til Napoleon Bonapartes residens, som var på slottet Schönbrunn, hvor træet blev benyttet til opvarmning. Skoven blev siden hen genplantet.

WIENERWALD
www.wienerwald.info

Man kan nærmest ikke undgå at komme i nærheden af Wienerwald, når man er i Wien, med mindre man bliver i centrum af byen. Wienerwald grænser op til Wiens bygrænse. Wienerwald var tidligere et jagtområde, inden det blev til et rekreativt område for den velhavende del af befolkning, men er i dag et rekreativt område for alle. Wienerwald er over 105.000 hektar stor, den er 45 km lang og mellem 20 og 30 km bred, omkring Wien drejer det sig om 8.650 hektar. Wienerwald er desuden udpeget af UNESCO til at være en biosfærepark, derudover er det et naturskovsreservat, Natura 2000. Lainzer Tiergarten, Hermannskogel, Leopoldsberg, Kahlenberg og Schwarzenbergpark er en del af Wienerwald, det er klostrene

Stift Heiligenkreuz, Kloster Kleinmariazell og Stift Klosterneuburg også. Der er talrige cykelstier, også til mountainbikes, løberuter og vandreruter i Wienerwald, og det benyttes af mange, både lokale, men også af turister. Flere af skovens ruter går endda forbi lokale vinproducenter. På grænsen indtil skoven ligger en stor bygning i Jugendstil, som gemmer på en skummel historie. Bygningen har været alt lige fra psykiatrisk hospital, til et elegant retrætested for overklassen til at blive en af nazisternes forsøgsstationer.

Sluse ved Donau

I dette kapitel har et par historier om nogle af Wiens floder sneget sig med, de fortjener simpelthen en plads i bogen, selv det egentlig er en bog om de grønne oaser, men de såkaldte *blå oaser* rummer også rekreative områder.

ALSBACH

Hvis man som dansker hører ordet Als, vil man nok tænke på enten byen Als eller øen Als, men i Wien taler man derimod om floden Als, som også kaldes for Alsbach eller Alserbach. Floden Als er 10,55 km lang, som udspringer nær grænsen til Niederösterreich, nærmere præcis i dalen mellem Dahaberg og Steinerne Lahn. Floden danner Mellem Hernals og Amundsenstraße bydelsgrænsen mellem 14. Bezirk, Penzing og 17. Bezirk, Hernals. Herfra løber den videre langs Neuwaldegger Straße og Marswiese til den udmunder i Eckbach. Floden er i dag ført ned i underjordiske kanaler og munder ud i den højre del af hovedopsamlingskanalen, tidligere udmundede den i Donaukanalen. Floden Als er navngiver til den tidligere selvstændige forstadskommune Alservorstadt, og siden 1850 også navngiver til den nuværende bydel, Alsergrund, 9. Bezirk.

Første gang floden blev nævnt i et dokument var i år 1044, men man ved ikke med sikkerhed, hvor navnet stammer fra. Navnet *Als* kan stamme fra flere ord. Oftest stammer det fra det keltiske ord *Alt*, som betyder noget i retning af *bæk* eller *kølig bæk*.

Andre mener navnet stammer fra det gamle slaviske ord *Olša*, som betyder noget i retning af *elletræ*. Omkring år 1200 ledte man vandet fra Als i retning mod Wien. Man ledte vandet via Sensengasse og Währinger Straße i retning mod vest til Schottentor via Stadsgraven, Stadtgraben, langs Schottengasse og Herrengasse og videre til Strauchgasse og Tiefen Graben til Donaukanal. Størstedelen af floden/bækken blev fyldt op omkring år 1430-1440.

DONAU

Når man er i Wien, kan man ikke komme uden om Donau, selvom det ikke lige er en grøn oase, så kan man godt kalde det for en blå oase. De fleste kender jo valsekongen Johann Strauss' skønne melodi *An der schönen blauen Donau*, mange har sikkert sejlet på floden eller kørt langs den. Men ofte, når man ser floden, er den ikke blå, men mere grøn, grå eller brunlig. Nogen siger endda, at floden kun er blå, hvis man er forelsket, om det passer, skal jeg være usagt, men jeg indrømmer da gerne, at jeg tit som rejseleder, når vi passerede Donau, sagde dette, men der må jo være noget om det, når selveste Johann Strauss komponerede den kendte valsemelodi, som også kendes som *Donauwalzer, Donauvalsen* i vinteren 1866-1867.

Donau har sit udspring i Schwarzwald i Tyskland, hvor den dannes af to mindre floder Brigach og Breg. Floden er Europas næstlængste flod på 2.850 kilometer og udmunder, efter den har passeret gennem ti lande (Tyskland, Østrig, Slovakiet, Ungarn, Kroatien, Serbien, Bulgarien, Rumænien, Moldova og Ukraine), i Sortehavet. For et sted mellem 20 og 60 millioner år siden udmundede Donau ud i det område, som på det tidspunkt var urhavet Tethys, som er cirka i det område, hvor Wien er beliggende i dag.

Donau er flodens tyske navn, i Slovenien er navnet *Donava*, i Kroatien er det *Dunav*, i Serbien og Bulgarien er navnet Дунав (som jeg ikke lige vil kaste mig ud og forklare, hvordan det udtales). Slovakkerne kalder den venstre bred for *Dunaj*, mens ungarerne kalder den for *Duna*. Rumænerne kalder floden for *Dunărea*, mens ukrainerne kalder floden *Dunaj*. Ungarerne omtaler floden som *a szöke Duna* (den blonde Donau), mens den franske forfatter Jules Verne kaldte en af sine romaner for *Le beau Danube jaune*, som betyder noget i retning af *den skønne gule Donau*. Wien ligger ikke *AN* (på) Donau, men ved Donau. Floden er ikke kun *schön* (smuk) at se på, den er desværre også farlig, grundet dens stærke og farlige strøm.

Men om man kalder floden for det ene eller det andet, menes alle navnene at stamme fra det samme keltiske ord *dānu*, som betyder *at flyde*. Ordet *dānu* menes at stamme fra det indoeuropæiske ord *danu*, som betyder *flod*. Donaus gammelgræske navn, *Istros*, betød *stærk* eller *hurtig*. Ordet *Istros* kan også føres tilbage

til de keltiske ord *ys*, som betyder *rask*, samt *ura*, som betyder *vand* eller *flod*. Ordene Donau og Istros blev formodentlig angivet som flodens øvre og nedre løb, men ingen kunne rigtig blive enige om, hvor præcis Donau sluttede og Istros begyndte.

Ovid valgte dog at kalde Donau for *Bisnominis*, som eftersigende skulle betyde noget i retning af *den med to navne*, med henvisning til floden med to navne. Flodens latinske navn er *Danubius* eller *Danuvius*, og flodens nedre løb, nedenfor Jernporten, kaldes også for *Hister* eller *Ister*. I Wien passerer Donau, eller Danube, gennem den såkaldte *Wienerport* som er en snæver åbning mellem Leopoldsberg på højre bred og Bisamberg på venstre bred, inden den flyder ind mod Wien. *Læs mere om Wienerporten på side 114 i denne bog.*

I mange århundreder var Wien plaget af gentagne oversvømmelser, derfor valgte man i 1870erne at gennemføre en omfattende regulering af Donau, som var skyld i de mange oversvømmelser. I 1875 lagde man 26 km af Donau om, der blev opført 3 jernbanebroer og to vejbroer. Men omlægningen af Donau

Wienfluß ved Stadtpark

førte også til, at man måtte anlægge en ny havn øst for Wien. Historisk set har Donau haft en stor betydning for transport af gods og passagerer, i dag er godstrafikken på Donau minimal og passagertransporten er hovedsageligt begrænset til sejlads med turister.

Alte Donau
www.alte-donau.info

Donaus oprindelige løb gennem Wien, som i dag kaldes for Alte Donau, blev lukket af i begge ender, og er i dag en sø. Alte Donau har ikke længere direkte forbindelse med floden. Den godt ti kilometer lange sø har flere friluftsbade samt en række fiskerestauranter og kolonihaver langs bredden. Alte Donau er beliggende blot få kilometer fra Wiens centrum.

Neue Donau
Alte Donau blev afløst af to parallelle kanaler, Donau og Neue Donau, som er adskilt af den 22 km lange og 200 meter brede ø, Donauinsel. Neue Donau opstod i forbindelse med den anden regulering af Donau i 1972-1987.

Donaukanal
Donaukanal er en mindre kanal til den store flod Donau. Kanalen flyder gennem den gamle del af Wien, og adskiller bykernen fra det tidligere lejekasernekvarter Brigittenau, Leopoldstadt og det store grønne Prater, hvor man finder forlystelsesparken Prater med det store pariserhjul, Ri-

esenrad, fra 1897. Tilbage i middelalderen flød Donau-floden gennem Wien, men i anden halvdel af det 19. århundrede besluttede man at anlægge en kunstig flodeng (Au) for at kunne regulere højvande og formindske risikoen for ødelæggende højvande.

Wienfluss
Fra Wienerwald flyder talrige mindre små floder ind i byen, hvor den mest kendte er Wienfloden, Wienfluß eller bare *Wien*. Den 34 km lange flod udspringer i den vestlige del af Wienerwald og udmunder i Donaukanal ved Urania i hjertet af Wien. Store dele af flodens forløb gennem Wien løber under jorden, men ved Stadtpark kan man opleve noget af floden, hvis der er vand, da floden også benyttes til at regulere vandstanden i Donau. Theater an der Wien, er beliggende ved floden, deraf navnet som hentyder til placeringen ved floden Wien, der dog på dette sted forløber under jorden.

Donauinsel
Donauinsel, Donauøen, er en kunstig ø midt i floden Donau. Donauinsel er cirka 22 km lang og et sted mellem 100 og 300 meter bred. Selvom dette område er relativt fladt og sumpet, fandt et af de afgørende slag i Napoleonskrigene sted netop her i året 1809. Her har gamle flodlejer dannet et netværk af søer, hvor man finder et spændende dyre- og planteliv. Desuden er det et rekreativt område med talrige cykelruter, løbe- og vandreruter, skaterpark,

sportspladser, legepladser og bademuligheder. I 1980erne blev der i nærheden af Reichsbrücke anlagt et område som kaldes *Copa Caggrana*, som er krydsningen mellem den berømte strand *Copacabana* i Rio de Janeiro og den nærliggende wienerbydel *Kagran*. Desuden er Donauinsel udråbt til nationalpark. For enden af øen finder man kraftværket Freudenau. Siden 1984 har man hvert år afholdt den store Donauinselfest på øen, hvor tusindvis kommer for at feste og høre musik. Det er relativt nemt at komme til øen med offentligt transport, da både U-banelinierne U1, U2 og U6 har stationer på øen, derudover er der busforbindelser.

LOBAU

Lobau består af resterne af en flodbred og en urskov, som ser ud som det oprindeligt så ud langs Donaus bredder. Plante- og dyrelivet i de forskellige små søer, flodarme, vandløb og moser er enestående. Lobau er en del af Nationalpark Donau-Auen, den er beliggende indenfor bygrænsen. Området blev i 1978 erklæret for naturbeskyttelsesområde og i 1996 blev det en del af nationalparken I Lobau kan man blandt andet følge i fodsporene på Napoleon og hans tropper, som de formodentligt har gået i 1809. Lobau er cirka 22 km² stor.

Lobau har ikke altid været så fredeligt som det er nu, for i maj 1809 lagde området nemlig skueplads for Slaget ved Aspern, hvor de østrigske tropper kæmpede mod Napoleons franske tropper. Det blev det første nederlag til Napoleons franske tropper. Efter nederlaget trak de franske tropper sig tilbage til Lobau, hvor de havde deres lejr i et par uger, inden den franske kommandørkaptajn Henri Gatien Bertrand, om natten til 5. juli 1809, beordrede, at der skulle bygge flere broer over det våde og

Donauinsel

sumpede engområde. I løbet af få timer kunne 150.000 soldater nå frem til den venstre side af Donau, hvor de blev mødt af den østrigske hær, som angreb franskmændene, der endeligt lykkedes at slå østrigerne i Slaget ved Wagram.

NATIONALPARK DONAU-AUEN
www.donauauen.at

Nationalpark Donau-Auen er beliggende i sumpene langs Donau, i retning mod Bratislava. Nationalparken er 9.600 hektar stor, der strækker sig fra Wien til landegrænsen til Slovakiet. I nationalparken finder man et helt særligt plante- og dyreliv, blandt andet bævere og utallige fuglearter. Nationalparken er 40 km lang og cirka 4 km bred. Dette unikke stykke natur har kun kunne overleve, fordi Østrig blev betragtet som verdens ende i årene 1945 til 1989. Schloß Orth danner rammen om Nationalparkens informationscenter. I nationalparken finder man vandreruten Weitwanderweg 07 og cykelruten Donauradweg.

PRATERAUEN
I middelalderen var det store område mellem byen og Donau blot et sumpområde og kejserfamiliens jagtområde. Den kejserlige familie var de eneste, der havde adgang til Prater, som jagtområdet hed, dette område kaldes i dag for *Grüne Prater*, *det grønne Prater* eller *Praterauen*. Den menige wiener kunne kun stå udenfor området i håb om at få

et glimt af kejseren. I 1766 åbnede kejser Joseph den Anden området op for offentligheden. Hovedalléen er 4 km lang og langs vejen vokser kastanjetræer. Desuden har Grønne Prater, Praterauen, siden 1890 dannet ramme om 1. maj festen i Wien, lige som Fælledparken i København gør i herhjemme.

VENEDIGER AU
Venediger Au er et park i 2. Bezirk, Leopoldstadt, nordøst for Praterstern. Venediger Au er begrænset af Lassallestraße mod nord, gaden Venediger Au mod øst, Ausstellungsstraße mod syd og Praterstern mod vest. Venediger Au blev nævnt første gang i et dokument i 1377, og var området ved den nuværende Praterstraße. I 1569 flyttede skovarbejdere og jægere ud i området, som blev kendt som Jägerzeile, mens Venediger Au var området mod nordøst.

I slutningen af det 19. århundrede opstod Volksprater, eller Wurstelprater, i den sydlige del af Venediger Au. Volksprater eller Wurstelprater er det som i dag kendes som forlystelsesparken Prater. *Læs eventuel mere om Prater på side 57 i denne bog.* I den nordlige del af Venediger Au finder man sportsanlægget Jugendsportanlage Venediger Au. Området fylder 7.610 m², og rummer fodboldbane, højdespringsanlæg, længdespringsbane samt kuglestødsanlæg. Man kan nemt komme til området med offentligt transport, da U-banestationen Praterstern på linie U2 åbnede i 2008.

Donaukanalen

Otto Wagners Schützenhaus ved Donaukanalen

REGISTER

OM FORFATTEREN

REJSESKRIBENTEN (født i 1975) er tidligere rejseleder med en passion for fotografi og gode historier der fortælles med et glimt i øjet. REJSESKRIBENTEN elsker at rejse, primært i Europa, undervejs på rejserne bliver der taget mange billeder og mindre kendte steder bliver fundet. Efter rejserne, bliver billederne og historierne uploadet til blog, Facebook og Instagram. Debuterede med e-bogen 'Harzen - Heksenes Land' i 2015.

Kontakt:
Web/blog: *www.rejseskribenten.wordpress.com*
Facebook: *www.facebook.com/rejseskribenten*
Instagram: *www.instagram.com/rejse_skribenten*
E-mail: *rejseskribenten@gmail.com*

REJSESKRIBENTEN har indhentet oplysninger fra så pålidelige kilder som muligt. REJSESKRIBENTEN kan dog ikke garantere for oplysningernes fuldstændige korrekthed, og er dermed ikke ansvarlig for følgerne af eventuelle senere ændringer. REJSESKRIBENTEN vil sætte pris på at blive gjort opmærksom på ændringer eller unøjagtigheder.

Donation til Julemærkefonden
Jeg bliver ikke rig af at skrive bøger, men jeg ved på egen krop, hvordan det er at blive mobbet og være udenfor fællesskabet. Derfor har jeg valgt, at der for hver bog der sælges, bliver der givet 5 kroner pr. solgt bog, trykt bog, såvel som e-bøger, til Julemærkehjemmet Fjordmark. Hvorfor lige det Julemærkehjem? Jo, jeg kunne godt støtte alle Julemærkehjem i Danmark, men nu ligger Fjordmark i den del af Danmark, jeg kalder min, og simpelthen fordi de kære unge mennesker, der er heldige at komme derned fortjener det, de fortjener en ny start, som jeg aldrig fik.

ANDRE UDGIVELSER